U0854363

暨南大学研究生教材

汉语词汇训诂专题研究导论

HANYU CIHUI XUNGU ZHUANTI YANJIU DAOLUN

曾昭聪 编著

暨南大學出版社
JINAN UNIVERSITY PRESS
中国·广州

图书在版编目（CIP）数据

汉语词汇训诂专题研究导论／曾昭聪编著．—广州：暨南大学出版社，2010.1
（暨南大学研究生教材）
ISBN 978－7－81135－395－2

Ⅰ．汉…　Ⅱ．曾…　Ⅲ．训诂—研究生—教材　Ⅳ．H13

中国版本图书馆CIP数据核字(2009)第190996号

出版发行：暨南大学出版社

地　址：中国广州暨南大学
电　话：总编室（8620）85221601
营销部（8620）85225284　85228291　85220693（邮购）
传　真：（8620）85221583（办公室）　85223774（营销部）
邮　编：510630
网　址：http：//www.jnupress.com　http：//press.jnu.edu.cn

排　版：广州市天河星辰文化发展部照排中心
印　刷：广州桐鑫印刷有限公司

开　本：890mm×1240mm　1/32
印　张：6.625
字　数：172千
版　次：2010年1月第1版
印　次：2010年1月第1次
印　数：1—2000册

定　价：16.00元

（暨大版图书如有印装质量问题，请与出版社总编室联系调换）

总序

百年沧桑，弦歌不辍；巍巍暨南，展焕新颜。暨南大学自1906年创办以来，始终秉承“宏教泽而系侨情”的办学宗旨，注重以中华民族优秀的传统道德文化培养造就人才。学校积极贯彻“面向海外，面向港澳台”的办学方针，建校至今，共培养了来自世界五大洲127个国家和地区的各类人才20余万人，堪称桃李满天下。

暨南大学的研究生教育始于1978年，是改革开放后全国首批研究生招生培养单位。1984年，学校率先招收海外及港澳台研究生，是全国当时唯一的试点单位。1987年开始，创建了与境外知名大学合作培养研究生的教育模式，目前已与中国香港、美国、加拿大、德国、英国等地区和国家的众多知名大学联合培养研究生；1989年开创内地高校招收境外“兼读制”研究生及境外研究生面授点的先河。经过30多年的建设与发展，暨南大学已经成为推动港澳台合作办学及国际办学的探索者和实践者，联结内地与港澳台同胞、海外侨胞的桥梁和纽带，被誉为“中国境外研究生教育的试验田和窗口”。

目前，学校已拥有博士学位授权一级学科6个，博士学位授权二级学科39个，硕士学位授权一级学科18个，硕士学位授权二级学科135个，6种硕士专业学位及临床医学博士专业学位；学位授权点覆盖了哲学、经济学、法学、教育学、文学、历史学、理学、工学、医学和管理学10个学科门类；设有博士后科研流动站9个，博士后工作站1个。学校师资力量雄厚，有专任教师1 677人，其中中国科学院院士1人，中国工程院院士4人，博士生导师297人，教授390人，副教授590人。

教材建设是课程体系和教学内容改革的核心，是进一步加强研究生教学工作，深化教学改革，提高研究生教育教学质量的重要措施。为此，学校启动了“暨南大学研究生教材建设”项目，将系统出版一批具有学科特色和水平的研究生教材。在研究生部的精心组织下，通过专家组评审，分批立项，每批二三十种，覆盖了公共学位课、专业学位课和专业选修课等课程。这些教材符合研究生教育改革发展趋势，反映了学科建设的新理论、新技术、新方法，在国内同类教材中较为先进。我们以期通过几年的努力，打造出一系列特色鲜明的研究生精品教材。

暨南大学副校长 纪宗安

2009年7月

前 言

汉语词汇史研究与训诂研究是汉语言文字学专业中难度相对较大的学科。为使研究生尽快适应这一研究方向、掌握研究方法，我们编写了这本教材。

本教材由十个部分组成：中古近代汉语词汇研究、文化词语研究、佛典文献词汇研究、敦煌文献词汇研究、常用词演变研究、同义词研究、词的理据研究、辞书研究、汉语词汇训诂研究与古籍校理、汉译佛经修辞研究。属于汉语词汇训诂研究范围的当然不止这些内容，本书只是有所侧重罢了。

这里要说明几点.

其一，本书所分的十章，是从不同侧面对汉语词汇训诂研究加以强调，实际上很多内容是交叉的，因此在实际研究过程中应注意将有关研究内容结合起来。

其二，本书不是“词汇训诂”导论，而是“词汇训诂专题研究”导论，所以，我们不对汉语词汇史与训诂的基础知识作概括性介绍（这些内容请参考相关著作），而是对最能体现汉语词汇史与训诂研究学术发展前沿的内容作出阐述，带领读者（研究生）直接进入研究领域，了解汉语词汇史与训诂研究的最新发展状况，培养创新能力。当然，这只是作者的良好设想，因为本书毕竟只是“导论”；再加上作者个人水平有限，本教材离这一设想应该还是有相当大的距离的。

其三，本书每一章后都有推荐阅读书目，但由于篇幅有限，只是列出了一部分代表性著作，还有很多书目需要读者自己去查阅。另外，这些著作的阅读也必须和相关论文（本书正文和脚注已提到一部分）结合起来。好学深思者，当知其意。

本书获暨南大学研究生教材建设项目资助，在此表示感谢！

本书在编写过程中参考、介绍了前贤时彦的不少研究成果，谨于此一并致谢。若有因理解失当而误引者及表述不当者，敬请读者正之！

曾昭聪

2009 年 10 月

目录

第一章　中古近代汉语词汇研究

第一节　汉语史的分期与中古近代汉语词汇研究的意义

王力先生主编的《古代汉语》在论及古代汉语课程性质时说道："古代汉语是一个比较广泛的概念，大致说来它有两个系统：一个是以先秦口语为基础而形成的上古汉语书面语言以及后来历代作家仿古的作品中的语言，也就是通常所谓的文言；一个是唐宋以来以北方话为基础而形成的古白话。"① 吕叔湘先生也曾经设想"把汉语史分成三个部分：语音史、文言史、白话史"②。两位学者都强调汉语史上曾经存在的白话，这些白话与文言的分歧主要表现在词汇上。要对古今汉语词汇作全面的了解，就必须重视古代的白话词汇。这样也就牵涉到汉语史的分期问题。

关于汉语史的分期，学界意见并未完全统一。目前比较一致的看法是将汉语史分为四段，即先秦至西汉为上古汉语，东汉魏晋南北朝隋为中古汉语，唐代至清代初期为近代汉语，此后为现代汉语。③ 中古近代汉语即是指从东汉至隋、从唐代至清初这一

---

① 王力：《古代汉语》，中华书局1999年版（修订重排本），绪论第1页。

② 吕叔湘：《江蓝生〈魏晋南北朝小说词语汇释〉序》，《语文近著》，上海教育出版社1987年版，第23页。

③ 参见胡明扬：《近代汉语的上下限和分期问题》，载胡竹安、杨耐思、蒋绍愚编《近代汉语研究》，商务印书馆1993年版；刘坚：《方一新、王云路〈中古汉语读本〉序》（修订本），上海教育出版社2006年版。

历史时期的汉语。在这一阶段中，虽然正规的书面语仍以文言为主，但口语以及接近口语的书面语与上古汉语有了较大的差别。而其中的词汇，正如前辈学者张相所言："其性质泰半通俗，非雅诂旧义所能赅，亦非八家派古文所习见也。"①

由于历史原因，我们对中古近代汉语词汇的研究明显少于上古汉语和现代汉语。传统训诂学尤其是清代学者对先秦两汉旧诂雅义的研究取得了很大的成绩，但正如王力先生所指出的："如果为了编写一部汉语大辞典，古人的研究成果还是不够用的，因为，第一，他们只注意上古，不大注意中古以后的发展；第二，他们只注意单音词，不大注意复音词。所以这一方面的工作，还需要投入巨大的人力，才能有所成就的。"② 如果我们对中古近代汉语词汇研究不够，那么对于整个汉语词汇史、现代汉语中某些词语的词源以至整个现代汉语（普通话及各大方言）就难以作出科学、全面的说明，辞书编纂自然也难以精确。罗常培先生也曾经指出："金元戏曲中之方言俗语，今日流行于民间者尚多，惟董理无人，索解非易。"③ 因此，中古近代汉语词汇研究在整个汉语史研究中是具有重要意义的。④

中古汉语与近代汉语有着密切的关系。"汉语传世文献存在文言和白话两大系统，中古和近代正是白话系统由萌芽而渐臻成熟的时期。在这一时期内，汉语词汇面貌发生了很大变化。但由于历史的原因，前人对此重视不够，给汉语词汇史的研究留下了大段空白。……中古阶段经过一些学者的努力，虽也取得不少成果，但相形之下却仍显得较为滞后。这一问题如不及时解决，则

---

① 张相：《诗词曲语辞汇释》，中华书局1955年版，前言第1页。

② 王力：《汉语史稿》，中华书局1958年版，第563页。

③ 罗常培：《徐嘉瑞〈金元戏曲方言考〉序》，商务印书馆1956年版，第1页。

④ 参见王锳：《试论古白话词汇研究的意义与作用》，《文史》第二十五辑，又刊蒋绍愚、江蓝生编《近代汉语研究（二）》，商务印书馆1999年版。

近代汉语词汇研究乃至整个汉语词汇史的系统性和科学性都将受到严重影响。”① “从事汉语历史词汇研究的，以能贯通中古和近代两大阶段为最佳选择。”“如果限于时间和精力，不得不有所侧重，那么，侧重近代的不妨上溯中古，读一点中古的材料，尽可能了解中古阶段的已有成果；侧重中古的也不妨下探近代，读一点近代的材料，了解近代阶段的已有成果。这样相互借鉴，相互促进，必然会提高各自的研究质量，加快整体研究的步伐。”② 20世纪的最后二十多年，近代汉语研究开展得轰轰烈烈，不少近代汉语研究者也在同时进行中古汉语研究，也有专门从事中古汉语研究的，取得的成绩相当显著。③

第二节　中古近代汉语词汇研究的语料与研究对象

中古近代汉语时期，口语迅速发展，古人在书面文献中已经记录了相当多的材料，但是这些材料并没有引起训诂家们应有的重视。虽然古人也曾在笔记中作了一些词语诠释工作，但总体来说，其不足之处是十分明显的。④ 一直到20世纪，张相先生《诗词曲语辞汇释》和蒋礼鸿先生《敦煌变文字义通释》的出版，才

---

① 王锳：《近代汉语词汇研究与中古汉语》，载《近代汉语词汇语法散论》，商务印书馆2004年版，第62页。

② 王锳：《曾昭聪〈中古近代汉语词汇论稿〉序》，中央文献出版社2004年版，第3页。

③ 参见王云路：《百年中古汉语词汇研究概述》，《古汉语研究》2002年第4期；方一新：《20世纪中古汉语词汇研究》，载朱庆之编《中古汉语研究（二）》，商务印书馆2005年版。

④ 参见蒋绍愚：《近代汉语研究概要》第五章“近代汉语词汇研究”中的相关内容，北京大学出版社2005年版，第273～280页。

表明近代汉语词汇研究有了突破性的进展，近年的相关成果则已比较多见。

从事中古近代汉语词汇研究，要特别重视语料。常见的中古汉语语料有东汉以来的注释、汉译佛经、笔记杂著、书札史书、汉魏南北朝小说、墓志等；近代汉语语料则有唐诗、宋词、元曲、明清民歌时调，唐宋传奇、宋元话本、明清小说，宋金元明戏曲，敦煌文献，唐宋禅宗语录、宋儒语录，史书与法律文书、白话碑与会话书、直讲与直译，军事医学科技典籍等。①

语料既需要平时的积累，也需要掌握一定的文献检索方法。合适的语料可以促进我们的研究工作，使研究的结论更有说服力。例如：

《清平山堂话本·快嘴李翠莲记》："本宅众亲簇拥新人到了堂前，朝西立定。先生曰：'请新人转身向东，今日福禄喜神在东。'翠莲便道：'才向西来又向东，休将新妇便牵笼。转来转去无定相，恼得心头火气冲。……'"《汉语大词典》未收"牵笼"一词。刘坚先生《近代汉语读本》以为"笼指戴在牲口头上的笼嘴。牵笼，比喻把翠莲当牲口一样牵来牵去"。但笔者以为可以将"笼"解释成通"砻"，"牵笼"即"牵砻"。"牵砻"一词，《汉语大词典》亦未收，但"搼"下举例有"搼砻"，如"《中国歌谣资料·孟姜女十二月花名》：'十月芙蓉稻上场，搼砻做米纳官粮。家家都有砻来搼，孟姜家中是空仓'"。明代邝璠所著的《便民图纂》卷一有"牵砻图"，画的是四人共牵一砻，并配有《竹枝词》一首咏之："大小人家尽有收，盘工做米弗停留。山歌

① 参见刘坚：《近代汉语读本》（修订本），上海教育出版社 2005 年版；方一新、王云路：《中古汉语读本》（修订本），上海教育出版社 2006 年版；蒋绍愚：《近代汉语研究概要》第二章"近代汉语研究的资料"，北京大学出版社 2005 年版；刘坚、蒋绍愚主编：《近代汉语语法资料汇编》（唐五代卷、宋代卷、元代明代卷），商务印书馆 1990、1992、1995 年版。

唱起齐声和，快活方知在后头。”又卷三“牵砻”文字说明：“稻登场，用稻床打下谷，晒干飏净。以土筑砻牵下，簸去糠秕，筛谷令净，待舂。”联系李翠莲的故事，翠莲是被牵得“才向西来又向东”、“转来转去”，她故意夸张地说自己被别人牵来牵去，就像牵磨一样。那么，“砻”为什么会被写作“笼”？除了形似音同外，还与“砻”的形制有关。严格来说，砻与石磨功能相似而形制不同。宋应星《天工开物》卷上《粹精·攻稻》：“凡稻去壳用砻。……凡砻有二种，一用木为之，截木尺许，斫合成大磨形，两扇皆凿纵斜齿，下合植筍穿贯上合，空中受谷……一土砻，析竹匡（筐）围成圈，实洁净黄土于内，上下两面各嵌竹齿，上合篘空受谷，其量倍于木砻，谷稍滋湿者，入其中即碎断。土砻攻米二百石，其身乃朽。凡木砻必用健夫，土砻即孱妇弱子可胜其任，庶民饔飧皆出此中也。”砻有两种，一种是“木砻”，另一种是“土砻”。因为“凡木砻必用健夫，土砻即孱妇弱子可胜其任，庶民饔飧皆出此中也”，故土砻在日常生活中使用较多，又“功率”较大，使用广泛，且形制是“析竹匡围成圈”，与竹有关，故《清平山堂话本》中“砻”写作“笼”。其他同时代文献以及当代文献中也有“砻”、“笼”通用之例。因此，“牵笼”一词的释义应该是：同“牵砻”，即牵动砻使做圆周运动以碾稻谷去壳。《清平山堂话本·快嘴李翠莲记》中的用法是其引申义，指像牵砻一样牵得团团转。① 这里所运用的语料就有不少是汉语词汇研究所较少用到的。

关于研究对象，一般从事中古近代汉语词汇研究的学者注意较多的往往是前辈学者张相所谓“字面生涩而义晦”和“字面普通而义别”的两类词语。这些当然是我们研究的主要对象，但除此之外，还应该注意到其他语料。比如，常用词的演变研究，所

① 此条考释详见曾昭聪：《“牵砻”小考》，《中国典籍与文化》2005年第3期。

研究的对象即为常用词。

又如，韩愈是古文运动的倡导者和代表人物，人们一般都会以为他的散文当是纯粹仿先秦文言文。韩愈本人也声称“愈之志在古道，又甚好其言辞”，“非三代两汉之书不敢观”。但韩愈同时也要求创作上“惟陈言之务去”，这就暗示了他的文学创作中可能还会有一些活的语言现象。王锳先生在《韩愈散文中的一些口语成分》一文中研究了既非诗词曲又非唐宋笔记的韩愈散文中的口语成分，发现了为数不少的唐代新兴的口语词和一些语法现象。王锳先生指出，“从他们的文章的口语成分中尤可窥察当时语言的滋生演变”，“他们文章所反映出来的口语特征，自然有较强的代表性，可以作为语言断代的重要参照系”。[①] 这一通过深入分析研究对象得出的结论，对我们的进一步研究是有指导作用的。

再如，明清俗语辞书也是一座有待大力挖掘的富矿。虽说历代训诂大师的兴趣几乎都集中在先秦两汉的雅诂旧义上，对魏晋以后的白话文献和白话语汇关注甚少，但承东汉《通俗文》的优良传统，唐宋以来大量出现的以考释俗语词为主要内容的笔记以及明清以来大量出现的俗语辞书却是例外。日本汉学家长泽规矩也辑集的《明清俗语辞书集成》（日本汲古书院 1974 年影印出版，上海古籍出版社 1989 年重印）已收录了 20 种明清俗语辞书。这一内容将在第八章介绍。

当然，还有更多的语料与研究对象需要有心人去发现、挖掘。

① 王锳：《韩愈散文中的一些口语成分》，载《近代汉语词汇语法散论》，商务印书馆2004 年版，第 83 页。

第三节　中古近代汉语词汇研究的角度与方法

一、中古近代汉语词汇研究的角度

早在二十多年前，蒋绍愚先生在论及近代汉语词汇研究的范围时就曾说道：

……在近代汉语词汇方面似有下列题目可做：

(1) 与近代汉语词汇有关的专书的整理和评价，如《一切经音义》、《通雅》、《通俗编》、《证俗文》等。规模再扩大点，则如把唐宋笔记中的有关资料摘出汇编。此项工作做好了，对推动近代汉语词汇研究十分有用。

(2) 专书词汇的研究。如日人长田夏树写过《游仙窟词汇研究》（但只有上篇，下篇未见），既可以是平面的描写（如长田所作），也可以是比较的研究（比较两本书词汇的异同，以窥测某一历史时期中词汇的发展变化）；还可以在此基础上做作品的断代，如佐藤论《三言》、江蓝生论《搜神记》即是。

(3) 构词法的研究。颜洽茂做过六朝时的构词法。近代汉语构词的形式更加多样。研究某一时期的构词法，或者研究某一种构词形式的发展兴衰，都值得一做。

(4) 词语考释。然此项工作须靠平时积累，非一年半载仓促可就，作为论文题目似恐非宜。

(5) 以今方言印证近代汉语词语，如胡竹安先生曾到山东考察《水浒》中的词语，亦有人想到浙江考察《辍耕录》中的词语。然此事工程甚大，而收获多少难以预料，作论文似乎就不太保险。[①]

蒋绍愚先生所论，二十多年来，在很多方面已经有学者研究过了，如关于《一切经音义》的研究成果就有徐时仪、姚永铭先生的大作；关于专书词汇的比较的研究有胡敕瑞《〈论衡〉与东汉语佛典词语比较研究》、陈秀兰《魏晋南北朝文与汉文佛典语言比较研究》；关于以今方言印证近代汉语词语的有蒋宗福《四川方言词语考释》、雷汉卿《近代方俗词丛考》等。[②] 但从总体上来说，这些方面仍有进一步开拓的空间。而关于研究的难度，许多方面也业已改观，如词语考释可以利用语料库；参证方言可以利用《汉语方言大词典》、《现代汉语方言大词典》分卷本以及其他多种方言词典，等等。当然，这也要求我们要站在学术前沿，进行更有深度的研究。

蒋绍愚先生后来在《近代汉语研究概要》中又更精细地指出，近代汉语词汇研究应该包括：①词语的考释；②构词法的研究；③常用词演变的研究；④专书词汇研究；⑤各阶段词汇系统的研究；⑥近代汉语词汇发展史的研究。[③] 虽是就近代汉语来说的，但应用于整个中古近代汉语是没有问题的。这些研究范围也可以说是中古近代汉语词汇研究的角度。

---

① 蒋绍愚致郭在贻函，载《旻盦文存下编·友朋函札选录》，《郭在贻文集》第四卷，中华书局 2002 年版，第 304～305 页。

② 徐时仪：《慧琳音义研究》，上海社会科学院出版社 1997 年版。姚永铭：《慧琳〈一切经音义〉研究》，江苏古籍出版社 2003 年版。胡敕瑞：《〈论衡〉与东汉语佛典词语比较研究》，巴蜀书社 2002 年版。陈秀兰：《魏晋南北朝文与汉文佛典语言比较研究》，中华书局 2008 年版。蒋宗福：《四川方言词语考释》，巴蜀书社 2002 年版。雷汉卿：《近代方俗词丛考》，巴蜀书社 2006 年版。

③ 蒋绍愚：《近代汉语研究概要》，北京大学出版社 2005 年版，第 287 页。

二、中古近代汉语词汇研究的方法

在中古近代汉语词汇研究工作中，词语考释是基础工作。就词语考释的方法来说，前辈学者张相在《诗词曲语辞汇释》序言中说到五点："一曰体会声韵"，"二曰辨认字形"，"三曰玩绎章法"，"四曰揣摩情节"，"五曰比照意义"；"凡此诸方法，大率不出刘淇氏《助字辨略》、王引之氏《经传释词》及清代训诂大师所启示"。[①] 蒋绍愚先生将此进一步归纳为六点：①认字辨音；②参照前人诠释；③排比归纳；④因声求义；⑤参证方言；⑥推求语源。[②] 这六种方法必须结合在一起使用，如果只用其中一种（"排比归纳"是最常用的方法）是比较危险的。这些方法如何结合？请看下例：

《明代歌曲选》所载陈铎《乐府全集·滑稽余韵》之《水仙子·瓦匠》："东家壁土恰涂交，西舍厅堂初瓮了，南邻屋宇重修造。弄泥浆直到老，数十年用尽勤劳。金张第游麋鹿，王谢宅长野蒿，都不如手镘坚牢。"

又如《清平山堂话本·西湖三塔记》："这西湖不深不浅，不阔不远；大深来难下竹竿，大浅来难摇画桨；大阔处游玩不交，大远处往来不得。"《拍案惊奇》卷三十四："约有半里多路，只见一个树林，多是合抱不交的树。"《明容与堂刻水浒传》第二十七回："为头一株大树，四五个人抱不交，上面都是枯藤缠着。"另有三处类似用例，不赘录。《儿女英雄传》第五回："庙外有合抱不交的大树，挨门一棵树下放着一张桌子、一条板凳。"

"交"字又可写作"高"。王锳先生的《诗词曲语辞例释·

---

① 张相：《诗词曲语辞汇释》，中华书局1955年版，第4~7页。

② 蒋绍愚：《近代汉语研究概要》，北京大学出版社2005年版，第288~296页。

存疑录》“高”条引《冯玉兰》剧三：“他犯了杀人条，现放着大质照：刀头儿血染高。”《六十种曲·锦笺记》十二：“几十处伽蓝座座参到，五百尊罗汉个个数高。”他认为“似均为周遍义”。

按：交、高二字中古音近，均为“周遍”义，今方言中尚有此词：

《汉语方言大词典》第二卷“交”条：

……⑩〈形〉遍；尽；全。（一）西南官话。四川成都。到处找~了，也没找到他/为了买只箫，全城都跑~。《四川方言朗颂诗·算命》：“啥子都问~，瞎子慢推敲。”《川剧传统喜剧选·拉郎配》：“员外，我到处都找~了。”唐枢《蜀籁》：“酸甜苦辣都尝~了。”（二）客话。罗翙云《客方言·释言》：“周遍曰~。”

《汉语大词典》未收此义项。《汉语大字典》“交”义项十九：“方言。……②相当于‘遍’。郭沫若《长春好》：‘全国公路已跑交。’”释义甚是，然例证过晚。

又按：《说文·交部》：“交，交胫也。从大，象交形。”引申有“合”义，与“遍”义略同。《楚辞·九章·思美人》：“解萹薄与杂菜兮，备以为交佩。”王逸注：“交，合也。言已解折萹蓄，杂以香菜，合而佩之。”又有“俱”义。《书·禹贡》：“四海会同，六府孔修，庶士交正，厎慎财赋。”孔传：“交，俱也。”又《诗·邶风·北门》第三章：“王事敦我，政事一埤遗我！我入自外，室人交徧摧我。已焉哉！天实为之，谓之何哉！”“室人”句，郑笺：“在室之人更替遍来责我。”视“交”为交替、更替义，然若视“交徧”为同义复用的双音词似更好，因为我们尚未在别的典籍中发现类似郑笺所指出的用法。《汉语大词典》“交徧”条释义：“谓轮番遍来。”仅举《北门》一例，恐无多大说服力。①

上述考释中用到了排比归纳、参照前人诠释、参证方言三种方法。推求语源的工作只做了一半，我们发现还可以进一步推求语源。李国英先生在论及“羔”字形体及本义时说：

关于“羔”字的形体及本义的说解，历来众说纷纭。《说文·羊部》：“羔，羊子也。从羊，照省声。”清人约有四说：……④徐灏《说文解字注笺》：“照省声，似未确，疑‘羔’之本义为羊炙，故从火，小羊味美，为炙尤宜，因之羊子谓之羔。”吴大澂《说文古籀补》：“古于羔兔等小兽多用炮，炮者，以泥涂其外用火炙之也，故从火、从土。”据“羔”之谐声字，穛［训］禾皮，窯训烧瓦窯灶，均以“包裹”为源义素，以徐、吴之说为长，“羔”字从羊、从火，本义为炙小羊，与炮同源，引申为小羊义。②

交、高、羔，三字上古音同音，均为见母宵部。“交”在近代汉语中有“周遍”义，与“羔”的本义是有关系的。

在词语考释的基础上，我们可以进一步从事相关的词汇研究工作。再看一个关于“构词法研究”的例子。

例如，一般认为古汉语中的词缀“家”出现在魏晋以后或近代汉语中，但词缀“家”在上古汉语及中古早期（即东汉时期）的使用情况，却很少有人提及。那么，作为词缀的“家”在魏晋之前是否真的不存在呢？

王云路先生指出，我们通常所说的词缀是指本身没有词汇意义（实义）的、只有附着在词根上才能起作用的构词（或构形）成分。这里有两个鉴别条件：①词缀去掉后含义不变；②词缀去掉后词性不变。本着这个原则，王云路先生发现词缀“家”在两

① 此条考释见曾昭聪：《明代歌曲释词三例》，《中国语文》2003年第6期。
② 李国英：《小篆形声字研究》，北京师范大学出版社1996年版，第88页。

汉文献中就已出现：

《潜夫论·相列》："故师旷曰'赤色不寿'，火家姓易灭也。"后句为前句的解释之词，"赤色不寿"的原因是火的属性容易灭。"姓"通"性"，我国古代五色之中的赤色与五行之中的火相配，故以火释赤色，《逸周书·太子晋解》作"师旷对曰：'汝声清汗，汝色赤白。火色不寿'"，赤色即火色。两相对照就更加清楚了，"火家"就是"火"，"家"为不含词汇意义的词缀。可见，词缀"家"在上古汉语中就已经存在了。到了东汉中后期，这种词缀"家"明显多了起来。医书中的用例尤为集中，例如《金匮要略·水气病脉证并治第十四》："后重吐之，胃家虚烦，咽燥欲饮水，小便不利，水谷不化，面目手足浮肿。"《伤寒论·辨太甘脾阴病脉证并治第十》："至七八日，虽暴烦下利，日十余行，必自止，以脾家实，腐秽当去故也。""胃家"、"脾家"就是指胃、脾。医籍中还有一种词缀"家"比较有意思，那就是附在病症、病名之后的"家"，如《金匮要略·痉湿暍病脉证治第二》："疮家，虽身疼痛，不可发汗，汗出则痉。"此外，还有"痉家"、"风家"、"亡血家"、"中寒家"、"淋家"、"支饮家"、"饮家"、"黄家"、"冒家"、"汗家"等。由此可见，"家"作为词缀在两汉时期已见。①

蒋绍愚先生所指出的研究范围（角度），本书其他章节也将谈及。总之，这些研究范围都应该成为我们努力的方向。

三、中古近代汉语词汇研究需注意的几点

从事中古近代汉语词汇研究工作时，在研究方法上我们要特别注意以下四点：

① 王云路：《试说古汉语中的词缀"家"》，《古汉语研究》2005年第1期。

1. 在参照前人诠释进行词语考释时，我们应做到继承并发扬当代或前辈学者的学术研究成果

有继承才有发展，所有的学术研究莫不如此。我们在第一章谈注意要点时首先提出这一内容，也是为了强调，后面不再重复。例如，黎锦熙先生在汉字改革、古今汉语研究和辞书编纂方面的卓越成就人所共知，然其作为近代汉语研究的最早倡导者（他所提出的“近代语”概念比吕叔湘先生的“近代汉语”概念还要早16年）则鲜为人知。王锳先生《黎锦熙先生论近代汉语研究》一文对此作了介绍，文末述及该文写作的目的：“一方面固然是为了揭橥黎先生对于近代汉语研究的首倡之功，但更重要的另一方面是主张吸取文章中在今天仍有价值并切实可行的建议，以加速近代汉语研究的进程。”① 又如，扬雄的《方言》是中国也是世界上第一部方言词典，对后代影响深远，出现了一批又一批的续补模仿之作。姜亮夫先生的《昭通方言疏证》即是其中的佼佼者。一般人读这些方言著作，往往只从其中的方言俗语与汉民族共同语的关系角度来看，王锳先生则将其与近代汉语研究结合起来，“该书在进行纵向联系时，涉及大量的近代语词。这在此前的同类著作中是比较罕见的”，因而作《〈昭通方言疏证〉与近代词语考释》一文，从四个方面述其成绩：“《疏证》丰富的方言训诂资料和结论，可帮助我们获得某些近代语词的确解”；“考求本字，为我们指出了某些近代语词的构词理据”；“《疏证》对近代联绵词的研究”；“《疏证》对近代同源词的研究”。文中还指出，“《疏证》在内容和研究方法上，对近代词语考释可资借鉴之处不少”②。另外，如《读〈葛藤语笺〉随札》

① 王锳：《黎锦熙先生论近代汉语研究》，载《近代汉语词汇语法散论》，商务印书馆2004年版，第6页。

② 王锳：《〈昭通方言疏证〉与近代词语考释》，载《近代汉语词汇语法散论》，商务印书馆2004年版，第180～189页。

向读者介绍了日本江户时代无著道忠禅师的著作，“可以并不夸张地说，无著一系列的禅录笺注，就是帮助人们理解禅录的‘卷笺’，而《葛藤语笺》则是集中概括了大量笺注成果的禅录俗语辞典”[①]。王锳先生在近代汉语研究方面取得的成绩有目共睹，但他仍然十分谦虚地向前辈学者学习，这种精神值得我们后辈仿效。

2. 进行中古近代汉语词汇研究工作，要对汉语词汇理论有一定的了解

理论能够指导实践，当然也要与实践密切结合。例如，对缩略词的理论研究，就有助于对汉语的历史研究，如词语的训释、词源的推考等；同时也直接关系到当今汉语的使用和规范，影响汉语词汇的发展。就中古近代汉语词语考释来说，例如，“不良”一词在唐代文献中已见。如《朝野佥载》卷五：“觅婢不得，并失金银器物十余事。录奏，敕令长安、万年捉不良脊烂求贼，鼎沸三日不获。不良主帅魏昶有策略……不良往金城坊空宅，并搜之。”另外，还有“不良人”、“不良汉”等说法。俞理明先生指出，从“捉不良脊烂”到“不良”以及“不良人”、“不良汉”，“不仅原有的动宾关系不复存在，字面上捉与被捉、善与恶的关系也颠倒了。所以，从字面上对缩略形式的内部结构作语义分析，是不可靠的”[②]。虽然对“捉不良脊烂”的分析目前学界还有不同看法，[③] 但是把“不良（人、汉）”看作缩略词则是没有问题的（这一点，似乎该书是最早提出的），并且还可以纠正《唐五代语言词典》等的纯字面分析的释义错误。

---

① 王锳：《读〈葛藤语笺〉随札》，载《近代汉语词汇语法散论》，商务印书馆2004年版，第194页。

② 俞理明：《汉语缩略研究——缩略：语言符号的再符号化》，巴蜀书社2005年版，第36～37页。

③ 宋开玉：《“不良”与“脊烂”》，《古汉语研究》2005年第3期。

又如，近年来越来越多的学者开始尝试从语言系统性的角度来认识汉语历史词汇的发展，希望为汉语词汇史研究开拓新路。语言系统性中的组合关系和聚合关系成为当前学者们关注的新焦点。“词汇、语义靠着聚合和组合两条纵横轴的联系而成为一个有机整体。聚合是栅性结构，组合是线性结构。对组合系统的研究，是聚合系统研究的回归式的深化。因此，现代词汇学必须把组合研究作为自己的新课题。”① 例如，张诒三先生的《词语搭配变化研究——以隋前若干动词与名词的搭配变化为例》②，采用不同于以往词汇研究专书的模式，即不是像传统的训诂学和古汉语词汇学专书那样，把研究的焦点主要放在词语的聚合关系上，而是另辟蹊径，以词和词的组合关系为研究对象（该书以动词和名词的组合关系为研究对象），借此来揭示隋代以前的一些常用动词词义的演变过程。作者选择了一组饮食类动词（如煮、煎、食、茹等）和一组交通类动词（如驾、驭、御等）与名词的搭配变化作为这项研究的突破口，阐述了词语搭配的历史变化并揭示了其原因。考察和研究词语搭配的历时变化现象是汉语词汇史研究的重要内容，这是一个可喜的尝试。

3. 进行中古近代汉语词汇研究，要具备一定的传统训诂学的功力，才能在研究工作中游刃有余

郭在贻先生曾经在《〈禅宗著作词语汇释〉序》中指出：“俗语词的研究，我认为必须具备四个程序，方能称得上是高层次的研究工作，这四个程序是：求证、溯源（包括穷流）、祛惑、通文。所谓求证，就是从语言材料中寻找证据，有了确凿而又充分的证据，词义的考释才能立于不败之地……所谓溯源，就是要

① 张志毅、张庆云：《词汇学的现代化转向》，载李如龙、苏新春主编《词汇学理论与实践》，商务印书馆 2001 年版，第 7 页。

② 张诒三：《词语搭配变化研究——以隋前若干动词与名词的搭配变化为例》，齐鲁书社 2005 年版。

从历史语言学的角度，搞清楚某一词语的来龙去脉及其所以得义之义（由于种种原因，不可能每个词都做到这一点），这是一项最高级的工作，但也是最难的工作。所谓祛惑，就是要袪除前贤时人的某些误解谬见，给读者一个正确答案。所谓通文，就是用你考释所得的结论，去畅通无阻地解释其他一些作品中的同类词语，做到如清儒王引之所说的'揆之本文而协，验之他卷而通'。"[①] 例如，曾良《敦煌文献字义通释》一书中的溯源工作就做得很好，"阿朵、骨卓、阿卓"条指出，此三者均为兵器名，其共同特点是都有大蒜形或蒺藜形的头缀于顶端，如金瓜。而关于其得名之由，作者指出，"骨卓"盖是"骨朵"之音转，取"鼓起、凸起"之义，如疙瘩也是凸起的形状，故又称"骨都"，如元无名氏《村乐堂》第三折："开了牢门，则怕磕你一个骨都。"又饺子如大腹凸起，故称"馉饳"，如《金瓶梅词话》第二回："敢是卖馉饳的李三娘儿?"[②] 这些词都是联绵词，不管其词义是指兵器还是疙瘩、食品，它们都有共同的特点，而这一特点也就是它们的词源。总之，汉语词汇史的研究一定要与训诂学方法相结合。董志翘先生说："汉语史研究的主要对象并非活的语言，而是历代流传下来的文献语言材料，因此，摆在汉语史研究者面前的首要任务是广泛收集、认真鉴别、准确识读这些材料，然后才谈得上分析、利用这些材料。如果没有前期的训诂工作，那么对于汉语史研究来说是非常危险的。"[③]

4. 进行中古近代汉语词汇研究，要从词汇史的角度进行

以俗语词为研究中心的疑难词考释，表面上看来似乎不是训

---

① 郭在贻：《袁宾〈禅宗著作词语汇释〉序》，载《郭在贻文集》，中华书局2002年版，第三卷，第503页。

② 曾良：《敦煌文献字义通释》，厦门大学出版社2001年版，第1~2页。

③ 董志翘：《训诂学与汉语史研究》，载《中古近代汉语探微》，中华书局2007年版，第40页。

诂的内容，但实际上，“无论怎样‘俗’的一个字，只要它在社会上占了势力，也值得我们追求它的历史。……我们对于每一个语义，都应该研究它在何时产生，何时死亡”①。以《敦煌变文字义通释》一书为例，该书“运用历史发展的观点研究语言现象，它并不满足于对变文中的疑难词语作孤立的、静态的诠释解，还力求找出它们的来龙去脉，进而把语词的断代研究纳入词汇史和语言学史范畴。……为汉语词汇史研究提供了丰富的材料”②。“一个完整的词汇史，既需要对常用词作细致的描写和研究，也需要对以‘俗语词’为中心的其他口语词汇（包括疑难词语、新词新义）作全面研究，缺一不可。在以往偏重于疑难词语和新词新义的考释研究而严重忽略常用词研究的前提下，强调常用词研究的重要性，矫正偏颇，这是十分必要的，也是理所当然的。但最好避免把词语考释和词汇史研究截然分开，把常用词研究和疑难词语、新词新义研究对立起来，它们都属于词汇史研究的范畴。”③

★推荐阅读书目

董志翘：《〈入唐求法巡礼行记〉词汇研究》，中国社会科学出版社2000年版。

董志翘：《中古文献语言论集》，巴蜀书社2000年版。

董志翘：《中古近代汉语探微》，中华书局2007年版。

方一新、王云路：《中古汉语读本》（修订本），上海教育出

① 王力：《新训诂学》，载《龙虫并雕斋文集》，中华书局1980年版，第一册，第321页。

② 郭在贻：《训诂丛稿·读新版〈敦煌变文字义通释〉》，载《郭在贻文集》，中华书局2002年版，第一卷，第135页。

③ 王云路、方一新：《汉语史研究领域的新拓展——评汪维辉〈东汉—隋常用词演变研究〉》，《中国语文》2002年第2期。

版社 2006 年版。

方一新：《东汉魏晋南北朝史书词语笺识》，黄山书社 1997 年版。

顾之川：《明代汉语词汇研究》，河南大学出版社 2000 年版。

郭在贻：《训诂丛稿》，上海古籍出版社 1985 年版；《郭在贻文集》第一卷，中华书局 2002 年版。

郭在贻：《训诂学》（修订本），中华书局 2005 年版；《郭在贻文集》第一卷，中华书局 2002 年版。

胡竹安、杨耐思、蒋绍愚编：《近代汉语研究》，商务印书馆 1993 年版。

李申：《〈金瓶梅〉方言俗语汇释》，北京师范学院出版社 1992 年版。

刘坚：《近代汉语读本》（修订本），上海教育出版社 2005 年版。

江蓝生：《魏晋南北朝小说词语汇释》，语文出版社 1988 年版。

江蓝生：《近代汉语探源》，商务印书馆 2000 年版。

蒋冀骋：《近代汉语词汇研究》，湖南教育出版社 1991 年版。

蒋冀骋、吴福祥：《近代汉语纲要》，湖南教育出版社 1997 年版。

蒋礼鸿：《敦煌变文字义通释》（增补定本），上海古籍出版社 1997 年版。

蒋绍愚：《汉语词汇语法史论文集》，商务印书馆 2000 年版。

蒋绍愚：《近代汉语研究概要》，北京大学出版社 2005 年版。

蒋绍愚、江蓝生编：《近代汉语研究（二）》，商务印书馆 1999 年版。

罗维明：《中古墓志词语研究》，暨南大学出版社 2003 年版。

太田辰夫：《汉语史通考》，重庆出版社 1991 年版。

汪维辉：《汉语词汇史新探》，上海人民出版社2007年版。

汪维辉：《〈齐民要术〉词汇语法研究》，上海教育出版社2007年版。

王彦坤：《前四史生僻词语考释》，商务印书馆2006年版。

王锳：《诗词曲语辞例释》（第二次增订本），中华书局2005年版。

王锳：《唐宋笔记语辞汇释》（修订本），中华书局2001年版。

王锳：《近代汉语词汇语法散论》，商务印书馆2004年版。

王锳：《宋元明市语汇释》（修订增补本），中华书局2008年版。

王锳、曾明德编：《诗词曲语辞集释》，语文出版社1991年版。

王云路：《词汇训诂论稿》，北京语言文化大学出版社2002年版。

王云路：《汉魏六朝诗歌语言论稿》，陕西人民教育出版社1997年版。

王云路：《六朝诗歌语词研究》，黑龙江教育出版社1999年版。

王云路、方一新：《中古汉语语词例释》，吉林教育出版社1992年版。

王云路、方一新编：《中古汉语研究》，商务印书馆2001年版。

魏达纯：《近代汉语简论》，广东高等教育出版社2004年版。

吴金华：《世说新语考释》，安徽教育出版社1994年版。

香坂顺一：《白话语汇研究》，中华书局1997年版。

徐时仪：《古白话词汇研究论稿》，上海教育出版社2000年版。

袁宾:《近代汉语概论》,上海教育出版社1992年版。

袁宾:《禅宗著作词语汇释》,江苏古籍出版社1990年版。

袁宾、徐时仪、史佩信、陈年高:《二十世纪的近代汉语研究》,书海出版社2001年版。

遇笑容:《〈儒林外史〉词汇研究》,北京大学出版社2001年版。

曾昭聪:《中古近代汉语词汇论稿》,中央文献出版社2004年版。

张相:《诗词曲语辞汇释》,中华书局1955年版。

张永言:《词汇学简论》,华中工学院出版社1982年版。

张永言:《语文学论集》(增补本),语文出版社1999年版。

周俊勋:《中古汉语词汇研究纲要》,巴蜀书社2009年版。

周日健、王小莘主编:《〈颜氏家训〉词汇语法研究》,广东人民出版社1998年版。

周志锋:《明清小说俗字俗语研究》,中国社会科学出版社2006年版。

朱庆之:《佛典与中古汉语词汇研究》,台湾文津出版社1992年版。

朱庆之编:《中古汉语研究(二)》,商务印书馆2005年版。

湖南师范大学主办:《古汉语研究》,学术期刊,1988年创刊,2005年起由商务印书馆出版。

四川大学汉语史研究所主办:《汉语史研究集刊》,学术集刊,1998年起由巴蜀书社出版。

浙江大学汉语史研究中心主办:《汉语史学报》,学术集刊,2000年起由上海教育出版社出版。第一辑名《中古近代汉语研究》,第二辑起改为今名。

第二章　文化词语研究

第一节　文化词语与通义词语

汉语词语按照其是否承载文化内涵，可以分成文化词语与通义词语两类。当然，严格来说，语言是文化的一部分，但同时语言又是文化的载体，所以，汉语词语中承载文化较多的那一部分我们就称之为文化词语。文化词语是和通义词语相对而言的。“有不同程度文化意义者，为文化义词语；弱而至无者，为通用义词语，即通义词语。”黄金贵先生对《尔雅》、《说雅》、《楚辞通故》、《郑雅》四部书所释词语进行了定量分析，发现文化词语与通义词语之比是2∶1。[①] 这也说明了文化词语在古汉语词汇系统中所占的重要位置。

要准确区分何为文化词语，可从黄金贵先生所说的“三个特性”入手：“文化词语有三个特性。一是名物性。大多数的名物词直接体现名物性。动词、形容词中的一部分具间接名物性，如切、磋、琢、磨，与玉有关；挑、抹、弹、鼓，与乐器相涉；许多表色彩的形容词，用于服饰、建筑、礼制等类域。二是系统性。整个词汇的系统问题，众说纷纭而未‘定于一’，但每一个

---

① 黄金贵：《论古代文化词语的训释》，载《古代文化词语考论》，浙江大学出版社2001年版，第1~2页。另外，苏宝荣先生从语言意义与文化意义的角度对这一问题进行了研究，见苏宝荣：《词义研究与辞书释义》，商务印书馆2000年版，第172~179页。

文化门类都不能否认是个系统，因而反映该文化类的全部词语之有系统性，当毋庸置疑。三是民族性。这是文化词语最本质的特征。且不说亲属和人际称谓词，人名、地名、族名之类专称，丝、瓷、茶、纸之类汉民族特有的名物词；即便日、月、风、山、星、朝（早）之类自然物象词，其物虽非汉族独有，但因常用于祭祀、占星术、礼制等类域，遂也带上民族文化色彩；不少表'事'的抽象词语，也往往体现了民族的各种心态、观念。凡此，都属文化词语。"①

古人对古汉语文化词语的研究有一个良好的开端，那就是《尔雅》。《尔雅》是我国最早的一部训诂专著，《汉书·艺文志》著录《尔雅》三卷共二十篇，今本《尔雅》十九篇，其中前三篇即《释诂》、《释言》、《释训》，训释的对象是通义词语，后十六篇是《释亲》、《释宫》、《释器》、《释乐》、《释天》、《释地》、《释丘》、《释山》、《释水》、《释草》、《释木》、《释虫》、《释鱼》、《释鸟》、《释兽》、《释畜》。很明显，这后十六篇解释的都是文化词语。这一分类方法是《尔雅》的首创，对后世雅系辞书有深远的影响。《尔雅》的这种分类，着重于名物，按类编排，体现了作者对文化词语的重视。东汉刘熙的《释名》、三国陆玑的《毛诗草木鸟兽虫鱼疏》、明代方以智的《通雅》等，研究对象均以文化词语为主。

近年来，学界关于文化词语研究的集大成之作是黄金贵先生的《古代文化词义集类辨考》。② 该书近120万字，共辨析262组同义词，每组自成一篇辨考文章；若干意义相关的篇章汇成一类，全书共有国家、经济、人体、服饰、饮食、建筑、交通、什

---

① 黄金贵：《论古代文化词语的训释》，载《古代文化词语考论》，浙江大学出版社2001年版，第1页。

② 黄金贵：《古代文化词义集类辨考》，上海教育出版社1995年版。

物等八类。此书在古汉语文化词语研究方面具有开创性意义。此外，黄金贵先生还撰有一系列文化词语考释论文，如《辨“方舟”》、《“面缚”考》、《古代文化词语图说》、《古代文化词语辨考》等。[①] 后继者则有滕志贤先生的《从出土古车马看训诂与考古的关系》，该文以大量丰富的例证指出：出土文物为名物训诂提供了可靠的参照实物，同时古代文献记录和历代学者的考释也为考古学家们的研究提供了有用的材料；考古与名物训诂是互相依存的。[②] 闫艳先生的《唐诗食品词语语言与文化之研究》[③]、《〈全唐诗〉名物词研究》[④] 分别对唐诗中的食品词与名物词作了专题研究。徐时仪先生撰有佛经文化词考释的系列论文，如《玄应〈众经音义所释西域名物词考〉》一文就利用文献、考古资料与梵汉对音相结合的方式进行词语考释。[⑤] 汪少华先生的《中国古车舆名物考辨》“着眼于训诂与考古的双重视野，试图以名物线索贯通训诂学、考古学和科技史，吸收考古成果，解决车舆名物训诂疑难……为出土车舆名物考证提供有益的文献指导，为车舆名物及清儒注疏作出文物印证”[⑥]。

名物词是文化词语中的重要组成部分。王宁先生在谈及名物考据时指出：“名物考据是我国古代学术的一个专门题目，它的任务是对一些物类的专有名称进行解释。解释一个专有名称，必

---

① 分刊《杭州大学学报》1987 年第 2 期、《文史》第二十三辑、*JOURNAL OF MACROLINGUISTICS* 1994 年第 5 期、《文史》第四十一辑，并收入《古代文化词语考论》，浙江大学出版社 2001 年版。

② 滕志贤：《从出土古车马看训诂与考古的关系》，《古汉语研究》2002 年第 3 期。

③ 闫艳：《唐诗食品词语语言与文化之研究》，巴蜀书社 2004 年版。

④ 闫艳：《〈全唐诗〉名物词研究》，巴蜀书社 2004 年版。关于名物词研究的古今学术成果的介绍可以参看该书绪论部分。

⑤ 徐时仪：《玄应〈众经音义所释西域名物词考〉》，《汉语史研究集刊》第七辑，巴蜀书社 2004 年版。

⑥ 汪少华：《中国古车舆名物考辨》，商务印书馆 2005 年版。

须名、实同步考察，源、流一并弄清，所以，这一课题涉及多方面的领域，是一个词源学、训诂学、文化学甚至科技史等学科交叉的课题，难度是比较大的。”①

传统训诂学本来是对名物词研究非常重视的，但自从学界把训诂认定为“用语言解释语言”之后，对名物词的研究就逐渐生疏了。“传统训诂学以训释实践为其主要形式，以文献语言的内容和形式为其对象，因此，它也具有综合性的特点，语言以及用语言形式表现的名物、典章、文化、风习等都在其诠释范围之内。现代训诂学开始了对诠释工作的理论研究，更重视训诂学的语言学性质，削弱了对语言所表现的内容的注意。近几十年又由于学科的分工，治训诂者也相应地习惯了对语言规律的研究而对社会的、文化的现象却生疏了。这样，训诂学出现了封闭性。”②

文化词语研究，任重而道远。

第二节　文化词语研究的方法

文化词语的研究，从本质上来说与其他词语并无不同，但因为承载了文化义，所以在研究时也不能偏离文化而做纯语言的研究。事实上，对文化词语进行研究，给研究者提出了更高的要求。因为文化词语的研究不仅需要进行语言研究，同时还需要文化方面的参证。黄金贵先生的《论古代文化词语的训释》，黄金

① 转引自刘兴均：《〈周礼〉名物词研究》序，巴蜀书社2001年版。

② 许嘉璐：《关于训诂学方法的思考》，《北京师范大学学报》1988年第3期。

贵、王建莉先生合撰的《解物释名——词义训诂的基本方法》① 对文化词语的研究方法论述甚详。苏宝荣先生对词的文化意义与辞书释义的关系也有阐述。②

此外，我们还需要强调如下几个方面的内容：

1. 要紧密结合文化史、科技史、考古学知识以探求词义

结合文化史、科技史、考古学知识，即在词义研究中要大面积地、系统地引入文化史证、科技史证和考古文物史证。因为许多词义如果只从语言角度进行分析的话，难以得出令人信服的结论，这时如果能像其他人文学科那样走与文化双线交融的道路，则许多问题可以迎刃而解。

例如“甓”，《说文》等早期辞书与汉唐训诂比较一致地训为砖，今所有词典、专书亦将其作为砖的古称。此词先秦见于《诗》、《庄子》。据此，则“甓”早于屋瓦（屋瓦，文献始见于战国），但出土实物在相当一个时期内只见屋瓦，却不见砖。于是，有的研究者不得不惊怪：“周代虽有砖的记载，但尚缺乏实物例证。”可见，对“甓”的训诂丝毫不疑。黄金贵先生对古代建筑材料进行了仔细考察，发现陶水管是最早在相当一段时期内主要利用的陶制建筑材料，以下依次是瓦、砖，故“甓”最早（西周）为陶水管之称（当然，还据“辟”声有圆转义），东周至西汉指陶管井壁，东汉起才作砖（条砖）之称。③ 此项辨考成

---

① 黄金贵：《论古代文化词语的训释》，载《古代文化词语考论》，浙江大学出版社 2001 年版。黄金贵、王建莉：《解物释名——词义训诂的基本方法》，载《解物释名》，上海辞书出版社 2008 年版。黄金贵先生主编的《解物释名》一书汇集文化词语考释论文四十余篇，是一部文化词语考释论文集。

② 苏宝荣：《词义研究与辞书释义》，商务印书馆 2000 年版，第 117 ~ 179 页。

③ 黄金贵：《“甓”义考》，《考古》1995 年第 5 期。

果引起了考古界的重视，为不少考古、建筑史学者认同。①

又如，汪少华先生的《中国古车舆名物考辨》考释“骱”、“介马”亦如此。《左传·成公二年》：“齐侯曰：‘余姑翦灭此而朝食。’不介马而驰之。”晋杜预注：“介，甲也。”又《说文·马部》：“骱，系马尾也。”段注：“此当依《玉篇》作‘结马尾’。……《诗》曰‘驷介’，《左传》曰‘不介马而驰’，疑介即古文。”此后不少专家从段注而疑杜说。汪少华先生结合大量的文献证与考古文物证进行了考证，认为“骱”是把马尾挽成结，“介马”是指给马披上甲，两者不可混同，《左传》中的“介马”是后者而不是前者。②

又如，《春秋·庄公七年》：“夏四月辛卯夜，恒星不见，夜中，星陨如雨。”《春秋》三传对此的解释不同。《左传》：“星陨如雨，与雨偕也。”《公羊传》：“如雨者何？如雨者非雨也。”《谷梁传》：“夜中，星陨如雨。其陨也如雨。”《左传》以为“如”为并列连词，《公羊传》和《谷梁传》则以为“如”表示“像、如同”义。后代学者各执一词，未有定论。“如”作为一个虚词，表面上与文化无涉，但实际上要解决这个问题必须根据语境中的“星陨”，以科技史来求证。曾丹先生统计，“星陨如雨”在各类古文献中出现392次，如《汉书·五行志》：“夜过中，星陨如雨，长一二丈，绎绎未至地灭，至鸡鸣止。”清康熙时期的《钱塘县志》：“星陨如雨，凡二十四日，夜中星斗交飞，或逆或顺，或有声而坠，或无声而隐。”……通过综合分析，“星陨如

① 其实，古文字研究者在这一方面是做得很好的，这一方面的论文也不少，如经本植《从考古文化看与畜禽有关的一些原始汉字》，《汉语史研究集刊》第三辑，巴蜀书社2000年版。又如，“以文字学、文物学名家”的陆锡深先生主编的《中国古代器物大词典》“以历史文献为线索，贯穿全部古代器物”。见汪少华：《中国古车舆名物考辨》，商务印书馆2005年版，第4页。

② 汪少华：《中国古车舆名物考辨》，商务印书馆2005年版，第86~102页。

雨”之“如”只能解释成“像、如同”。《广释词》、《汉语大字典》、《左传详解词典》等有关解释都有待修正。①

2. 要紧密结合民俗文化以探求词义②

美国语言学家、人类学家萨丕尔曾经指出：“语言也不脱离文化而存在，就是说，不脱离社会流传下来的、决定我们生活面貌的风俗和信仰的总体。”③ 在进行汉语词义的训释、探源时，如果能结合民俗文化去进行，往往能收到事半功倍的效果，并且具有更强的说服力。例如，中国传统生殖文化观念中，田地以及在田地上耕作下种是一个根深蒂固的婚媾孕育的喻象。现代农村的耕作劳动经常充满了两性结合的情趣。湘沅民歌《点荞》：“高山点荞蔸点蔸，郎打眼来妹放灰。”安徽淮北农村，秋种小麦，习惯上须夫妻配合操作，妻子赶牛在前，丈夫在后摇着木耩，麦种从耩中漏撒于地，俗称“媾种子”。近现代中国各民族婚俗中，“种子”经常作为一种“文化诱头”出现。明代洪楩编印的《清平山堂话本·快嘴李翠莲记》中也记录了民间婚俗中的“坐床撒帐”习俗。新郎新娘进房后，“先生捧着五谷，随进房中。新人坐床，先生拿起五谷”，边念边撒，最后是“豆儿米麦满床上”。④

“耨”字的造形意图深刻地反映了先民的这一思想意识。“耨”从“辱”，“辱”又从“辰”，《说文·辰部》：“辰，震也。三月阳气动，雷电振，民农时也。物皆生。……”以汉代人的阴阳五行说谬解“辰”的形义关系。其实，“辰”就是“蜃”的古

① 曾丹：《“星陨如雨”中“如”的意义考辨》，《语言研究》2006年第1期；又载《解物释名》，上海辞书出版社2008年版。

② 这一内容参见本书第七章“词的理据研究”。

③ 萨丕尔：《语言论》，商务印书馆1985年版，第186页。

④ 据胡士莹《话本小说概论》（中华书局1980年版）考证，《快嘴李翠莲记》为元代作品。撒帐之俗早在汉代已开始盛行，见《汉武帝内传》、《东京梦华录》。

文。《说文·虫部》："蜃，雉入海化为蜃。"即是指一种海生的大蛤蜊。太古以蛤壳作犁头，进行耕种。农贵时，所以"辰"引申有时义。"晨"因此从"辰"。《说文·辰部》"辱"下说："辰者农之时也，故房星为辰，田候也。"唇形似蛤，故"脣"从"辰"；女阴与蛤形似，故女子月经称"月辰"。[①] 正因为女阴与蛤壳因相似而相关，所以"耨"在后来的使用中一方面可以指耕种，另一方面又与生殖行为有关。

以上讨论了"播种"所具有的生殖文化意义。在锄犁与土地的关系中，锄犁"挖开地母的泥土"，是动作的发出者、主动者，所以常用来喻示男女性行为中"男子的生殖"，即男子御女的具体动作。在元明剧曲中，我们发现"耨"用得较多：

元关汉卿《翠裙腰·上京马》："他何处共谁人携手，小阁银瓶殢歌酒。早忘了咒，不记得低低耨。"

关汉卿《金线池》第二折："有耨处散诞鬆宽着耨，有偷处宽行大步偷，何须把一家苦苦死淹留。也不管设誓拈香，到处里停眠整宿。"

王实甫《西厢记》第四本第二折："一个恣情的不休，一个哑声儿厮耨。呸！那其间可怎生不害半星儿羞？"

明郭勋编《雍熙乐府·青杏子·媾欢杨妃》："和气拥衾裯，醉魂如蝶梦悠悠，芳心不耐东风耨。"

《雍熙乐府·一枝花·长存一片心》："宝钗横，鸦髻鬖鬖；粉汗湿，耨声悄悄。"

明佚名《女贞观》第二折："耨声悄悄蛾眉纵，弓鞋窄窄纤腰送。"

从这几例已经可以看出，元明剧曲中"耨"义指男女交合，

---

① 参见王宁：《训诂方法论》，载《训诂与训诂学》，山西教育出版社 1994 年版，第 35～36 页。

更确切一点说，指男子御女之具体动作。这与我们所讨论的“锄犁”作为生殖文化喻象所具有的意义密合无异。《汉语大字典》、《汉语大词典》、《元曲释词》对“耨”的解释均可商。

“耨”的比喻义出现在元明剧曲中，除了与传统的生殖文化观念紧密相关外，还与元明的社会现实不可分离。从元代的社会风气来看，“这些‘只识弯弓射大雕’的统治者，不大懂得封建礼教的重要性；他们逐水草而居的游牧生活，在男女关系上也不像封建社会的严峻，这就使封建礼教的束缚一度有所松弛”①。

总之，长期以来的思想禁锢在异族统治者面前松动了，性观念也相对开放了。从元剧作者来看，由科举而仕宦的道路被堵死了，不少满腹才学的儒生不得已混迹于市井之中，与世俗之人交游，甚至“偶倡优而不辞”。② 他们创作的杂剧、散曲，一方面在内容上反映了下层人民的思想感情、生活状况，另一方面在形式上不避俚言俗语，敢于大胆使用“耨”这一类直露的字眼，这是与他们所见到的社会现实中性开放的状况完全一致的，同时为了吸引观众中的大多数人——下层百姓，他们的创作也不可能过于“雅”，而必须多多使用人人能懂的俚言俗语。③ 这一点，只要结合《西厢记》第四本第一折中的那些描述就可以明白了。因此，有封建道学家斥之为淫词艳曲也不是没有一点道理的。明代的社会现实与元代也有相似之处，加上艺术的继承性，在明代戏剧中沿用“耨”这类词也就不奇怪了。④

---

① 王季思等：《元散曲选注·前言》，北京出版社 1985 年版，第 14 页。

② 王季思等：《元散曲选注·前言》，北京出版社 1985 年版，第 14～15 页。

③ 王季思等：《元散曲选注·前言》，北京出版社 1985 年版，第 3 页。文人吸收的不仅仅是民间曲调，也包括相当数量的方言俗语，参见顾学颉、王学奇：《元曲释词》，中国社会科学出版社 1983—1990 年版。

④ 关于“耨”的考证详参曾昭聪：《元明剧曲中“耨”义探源》，《民俗研究》2000 年第 2 期。

3. 要注意名物的对应规律

文化词语的特点是名物性，故语言与文化的关系在词语上往往反映为名与物的对应关系。但是，文化词语的名物关系，不是静止不变的一对一关系。名与物的对应规律大致有三种：一是“名与物双向对应律”，即有物必有其名，有名必有其物；二是“多名与多物对应律”，即一物可以多名，一名可以多物；三是“名与物同步异步交变对应律”，即物变名变，或物变名不变。[①] 例如，《汉语大字典》“砻”义项五：“磨稻谷去壳的工具。又名‘木礧’、‘礧子’。以木为之，形状略像磨，两扇皆凿斜齿。”按：宋应星《天工开物》卷上《粹精·攻稻》：“凡稻去壳用砻。……凡砻有二种，一用木为之……一土砻……”《汉语大字典》所谓“以木为之”只解释了木砻，没说到土砻，尚未完善。这就是没有注意到一名对多物的关系。

又如，中国传统婚礼中有“奠雁”习俗。《汉语大词典》“奠鴈”条：“亦作‘奠雁’”，列两个义项。其一为“古代婚礼，新郎到女家迎亲，献雁为贽礼，称‘奠雁’”。

按这一释义在两个方面有所不妥。

一方面，“奠雁”并不限于迎亲。传统婚礼有“六礼”之说，“六礼”谓纳采、问名、纳吉、纳征（春秋称纳币）、请期、亲迎。除纳征之外，其他五礼中均可用雁。《仪礼·士昏礼》记载：“下达，纳采，用雁。”又：“宾执雁，请问名，主人许，宾入授如初礼。”又：“纳吉，用雁，如纳采礼。”又：“请期用雁，主人辞，宾许，告期，如纳征礼。”又亲迎时：“宾升，北面，奠雁，再拜稽首，降出，妇从。”奠雁之礼几乎贯穿了婚礼的整个过程。从纵的方向来看，在中国历史上，从先秦到清代以至于近现代，

---

① 黄金贵：《论古代文化词语的训释》，载《古代文化词语考论》，浙江大学出版社2001年版，第7～10页。

奠雁之礼一直盛行不衰。

另一方面，“雁”名对应的并不一定就是雁鸟。

农学与生物学研究表明，野生大雁性成熟需要三年，为一雄配一雌的单配偶制，而且终生配对，双亲都参与幼雁的养育。远古婚礼中用雁，追求的正是这样一种幸福。随着文明的发展，人们将多种象征意义附着在雁身上。象征意义的来源也与雁本身的习性有关。《仪礼·士昏礼》：“下达，纳采，用雁。”郑玄注：“用雁为贽者，取其顺阴阳往来。”贾公彦疏：“婚礼，无问尊卑，皆用雁，故注其意云‘取顺阴阳往来’也。顺阴阳往来者，雁，木落南翔，冰津北徂，夫为阳，妇为阴，今用雁者，亦取妇人从夫之义，是以婚礼用焉。”

毫无疑问，在上古，“奠雁”之“雁”指的是雁鸟。但若从文字上来考察，雁可指雁鸟，亦可指鹅。

《说文·隹部》：“雁，雁鸟也。从隹从人，厂声。”段玉裁注：“此与《鸟部》鴈别。鴈从鸟为鹅，雁从隹为鸿雁。”又《鸟部》：“鴈，鹅也。从鸟、人，厂声。”段注：“鴈与雁各字，鹅与䲨鹅各物……今字雁鴈不分久矣。”雁、鴈甲金文无别，先秦至后世文献典籍中亦通用不别，二字早已被视为一词并以“雁”字行，然亦不妨其有二义同时并存。雁指雁鸟，如《礼记·月令》：“雁北向，鹊始巢。”《荀子·富国》：“然后飞鸟凫雁若烟海。”雁指鹅，如《周礼·天官·食医》：“凡会膳食之宜……雁宜麦。”《庄子·山木》：“夫子出于山，舍于故人之家，故人喜，命竖子杀雁而亨（烹）之。”《墨子·杂守》：“寇至，先杀牛羊鸡狗乌（凫）雁。”按《尔雅·释鸟》：“舒雁，鹅。”李巡注：“野曰雁，家曰鹅。对文则鹅与雁异，散文则鹅亦谓之雁。”

后代礼制，沿袭《仪礼》，但也有所变化。汉时纳采礼物达30种，雁仅其一。到晋代，雁似不仅仅指雁鸟。《通典·礼十八·嘉礼三》记载东晋王堪六礼辞，其仪谓“羊则牵之，豕、雁以笼盛”等，雁以笼盛，则雁可能指鹅。当然，这仅是推测。《晋书·志第十一》：“孝武纳王皇后，其礼亦如之，其纳采、问名、纳吉、请期、亲迎，皆用白雁、白羊各一头，酒米各十二斛。”按：白雁极可能是指白鹅，据《中国大百科全书·生物学》，雁，中国有三种。斑头雁，主要分布在青藏高原，典籍所载、日常所说之雁，可略而不论；豆雁“上体灰褐或棕色”；鸿雁“上体大都灰褐”。并无白雁之说。《太平御览》卷九一七“白雁”条记载仅三则，或许为雁鸟之变种。“皆用白雁”，数量也较多，似当是白鹅。唐代，以鹅行奠雁礼的现象已不少见。《旧唐书》卷八十六记载，太子弘纳妃时，“所司奏以白雁为贽，适会苑中获白雁，高宗喜曰：‘汉获硃雁，遂为乐府；今获白雁，得为婚贽。彼礼但成谣颂，此礼便首人伦，异代相望，我无惭德也’”。这说明当时白雁已极罕见。段成式在《酉阳杂俎》续集卷之四中责怪用鹅不合古礼，可见当时民间已多以鹅行奠雁礼；至于敦煌地区，则是行“奠鹰”之礼，也有奠鹅的，如敦煌文献一七二五《书仪》：“女婿抱鹅，向女所低跪，放鹅于女前。”宋司马光撰《司马氏书仪》，婚礼颇采俗礼，然亦有雁：“主人宾皆进就两楹间，并立，南向，宾授雁，主人受之，以授执事者。”但雁是否为雁鸟，大可怀疑。按：《宋史·志第六十八》：“士庶人婚礼，并问名于纳采，并请期于纳成。其无雁奠者，三舍生听用羊，庶人听以雉及鸡鹜代。”明确规定可以他物代，可见世俗婚礼已多不用雁了，吴自牧《梦粱录》卷二十“嫁娶”条对民间嫁娶作了详尽描述：“次下则送聘。预令媒氏以鹅酒，重则以羊酒导日方行送聘之礼。……又送官会银锭，谓之‘下财礼’，亦用双缄聘启礼状。或下等人家，所送一二封，加以鹅酒茶饼而已。”可见，民间婚俗实以鹅为贽礼了。宋人洪迈曾得友人赠双白雁，颇为珍惜（见《容斋四笔》卷七“久而俱化”条），也说明白雁之不易得。到清代，更是以鹅行奠雁之礼，文康《儿女英雄传》第二十七回对此有精彩描写："屏门开处，先有两个十字披红的家人，一个手里捧着一彩坛酒，一个手里抑着一只鹅，用红绒扎着腿，捆得他噶噶的山叫。那后面便是新郎，蟒袍补服，缓步安详进来。上了台阶，亲自接过那鹅、酒，安在供桌的左右厢，退下去，端恭肃敬的朝上行了两跪六叩礼。"为什么要行这奠雁之礼呢？作者解释说："怎么叫做'奠'？奠，安也。怎么叫做'雁'？鹅的别名叫做'家雁'，又叫做'舒雁'，怎么必定用这舒雁？取其'家室安舒'之意。"先秦汉代时雁所具有的多种象征意义到这时已完全被民间百姓的理解改头换面了。又清同治五年《长阳县志》："亲迎日，婿家具彩轿、仪仗、鼓乐，抱家雁，婿金花摄盛服往女家曰取亲。"家雁，即鹅也。

"雁"名对应的"物"为什么会不一样呢？即"奠雁"之雁，为什么会由雁鸟变成鹅呢？或者说，为什么雁鸟与鹅用同一个词来称呼？这个问题也需要研究。

除了前面提到的语言文字的联系，雁与鹅在生物学上还有着极为密切的亲缘关系。鹅，鸟纲雁形目鸭科雁属大型水禽；雁，亦为雁形目鸭科雁属。其中，豆雁俗名大雁，分布于西伯利亚和中国东部，是中国习见种；鸿雁，又名原鹅、大雁，分布于西伯利亚和中国，是家鹅的原祖。正因其关系之密切，故古人以一词称二物。从中国养禽史来看，春秋战国之时雁已经被驯化成鹅，《左传·昭公二十一年》："郑翩愿为鹳，其御愿为鹅。"《孟子·滕文公下》："他日，其母杀是鹅也，与之食之。"又西汉王褒《僮约》中有"牵犬贩鹅"语，可见汉时鹅已成为商品。随着时代的发展，由于生态变化等原因，雁鸟难求而家鹅易得，故以鹅行奠雁之礼的就越来越多。

"奠雁"之雁，由雁鸟转变成鹅，有语言文字、生物学、农业史等多方面的原因。然而，即使在民间婚礼大多用鹅之后，历朝礼制仍一依古礼，称雁不称鹅，这使得许多学者误以为雁一直指的是雁鸟。如美国学者斯图尔特和罗伯特合著的《世界婚姻家庭史话》一书在谈到中国传统婚礼时，认为在媒人说合、双方父母同意之后卜筮。之后，“下一个步骤如奥尔加·郎所描绘的那样，是派人送订婚礼物：一只大雁和一匹丝绸”①。类似的误解是常见的。②

★推荐阅读书目

常敬宇：《汉语词汇与文化》，北京大学出版社 1995 年版。

陈温菊：《诗经器物考释》，台湾文津出版社 2001 年版。

华夫主编：《中国古代名物大典》，济南出版社 1993 年版。

黄金贵：《古代文化词义集类辨考》，上海教育出版社 1995 年版。

黄金贵：《古代文化词语考论》，浙江大学出版社 2001 年版。

黄金贵主编：《解物释名》，上海辞书出版社 2008 年版。

雷汉卿：《近代方俗词丛考》，巴蜀书社 2006 年版。

钱玄：《三礼辞典》，江苏古籍出版社 1998 年版。

曲彦斌主编：《中国民俗语言学》，上海文艺出版社 1996 年版。

邵敬敏主编：《文化语言学中国潮》，语文出版社 1995 年版。

苏宝荣：《词义研究与辞书释义》，商务印书馆 2000 年版。

孙机：《汉代物质文化资料图说》，文物出版社 1991 年版。

汪少华：《中国古车舆名物考辨》，商务印书馆 2005 年版。

吴厚炎：《诗经草木汇考》，贵州人民出版社 1992 年版。

---

① 斯图尔特、罗伯特：《世界婚姻家庭史话》，宝文堂书店 1991 年版，第 119 页。

② 关于“雁”的论述详参曾昭聪《中国传统婚礼中的“奠雁”习俗》，《文史杂志》1998 年第 5 期。

夏纬英:《植物名释札记》，农业出版社1990年版。

闫艳:《唐诗食品词语语言与文化之研究》，巴蜀书社2004年版。

闫艳:《〈全唐诗〉名物词研究》，巴蜀书社2004年版。

杨泓:《中国古兵器论丛》，文物出版社1980年版。

杨琳:《汉语词汇与华夏文化》，语文出版社1996年版。

扬之水:《诗经名物新证》，北京古籍出版社2000年版。

山东大学主办:《民俗研究》，学术期刊。

四川大学主办:《中国俗文化研究》，学术集刊，巴蜀书社出版。

第三章　佛典文献词汇研究

第一节　佛典文献的语料范围

佛典文献所指范围较广，从汉语词汇研究角度来说，不同的语料研究，其价值也有所不同。我们需要注意利用不同的语料对佛典文献词汇加以研究。佛典文献若从不同侧面加以强调，至少包括如下几个方面：

（1）东汉以来的汉译佛经。东汉以来，佛经在中国开始广泛传播。汉译佛经由于语言的独特性（既受原典语言的影响，同时又在一定程度上记录了当时的汉语口语），因此研究价值很大。

（2）中土所产生的佛经，尤其是唐宋禅宗语录。汉文佛教大藏经的内容不仅仅包括历代佛经翻译家翻译的“佛教原典”（即被称为“三藏”的佛教经典），还包括历代僧俗佛教学者诠释“三藏”典籍、发挥和阐释佛教理论、编撰佛教流传和发展的历史等各类著述，[①] 其中尤以唐宋禅宗语录因其口语性强，颇能反映当时的语言实际，而为词汇研究者们所重视。对于后出的语录总集，如《景德传灯录》、《五灯会元》等所载语录的可信度要采取审慎的态度。[②]

（3）史传著作，即以记人为主的佛教历史著作。主要有梁慧

---

① 李富华、何梅：《汉文佛教大藏经研究》，宗教文化出版社2003年版，自序第7页。

② 李壮鹰：《谈谈禅宗语录》，《北京师范大学学报》1998年第1期。

皎《高僧传》，梁宝唱撰《比丘尼传》，唐道宣《续高僧传》，唐慧立本、彦宗笺《大唐大慈恩寺三藏法师传》，日本真人元开（又称“淡海三船”）《唐大和上东征传》，宋赞宁《宋高僧传》。另有其他史传著作多种，不一一列举。

（4）地志著作，即以记地为主的佛教历史著作。主要有东晋法显《佛国记》，北魏杨衒之《洛阳伽蓝记》，唐道宣《释迦方志》，唐玄奘述、辩机缀文《大唐西域记》，唐义净《南海寄归内法传》，日本圆仁《入唐求法巡礼行记》，新罗慧超《往五天竺国传》（今存敦煌出土《周历五天竺行程》残卷）。

（5）佛经音义著作。主要有唐玄应《一切经音义》，唐慧苑《新译大方广佛华严经音义》，唐慧琳《一切经音义》一百卷（包含了此前的《玄应音义》、《华严音义》、云公《大般涅槃经音义》、大乘基《妙法莲花经音训》，并作过增删和改造）①，辽希麟《续一切经音义》，后晋可洪《新集藏经音义随函录》。除此以外，海外还有不少佛经音义，如日本的佛经音义就非常丰富，水谷真成的《佛典音义书目》中共列出12大部、234种。这些音义对佛典文献词汇研究价值很大，应当重视。②

（6）佛教目录著作。梁僧祐《出三藏记集》是现存最早的三藏目录和译经文献并传记的撰集，其中，《述列传》叙述历代译家和义解僧人的生平事略，共三卷。其史料多被宝唱《名僧传》、慧皎《高僧传》所依用。

以上所举佛典文献，不同的语料受重视的程度不同，有的尚少有学者从词汇角度对其进行研究。

---

① 姚永铭：《慧琳〈一切经音义〉研究》，江苏古籍出版社2003年版，第12～14页。

② 梁晓虹：《日本现存的佛经音义及其史料价值》，载《佛经音义研究——首届佛经音义研究国际学术研讨会论文集》，上海古籍出版社2006年版。

第二节 佛典文献词汇研究的角度

佛典文献词汇研究可以从多个不同的角度进行，以下试作分类叙述并列举代表性成果。①

1. 佛典文献整理

国务院古籍整理出版规划小组编制的《古籍整理出版规划(1982—1990)》中说道：“佛教著作比较难懂，为便于青年研究者入门，拟精选一部分，加以点校、注释，编为《中国佛教典籍选刊》，分辑出版，九年内先出第一辑。”中华书局《中国佛教典籍选刊》第一辑包括二十多种佛典文献，此后又陆续出版了其他多种佛典文献。这些文献均由学有专长的学者进行校点。其他整理过的佛典文献尚不少，像《洛阳伽蓝记》有范祥雍先生校注本、周祖谟先生校释本。《入唐求法巡礼行记》有白化文等先生校注本，《祖堂集》有吴福祥、顾之川先生的校订本和张华的校订本，《观世音应验记三种》有孙昌武先生点校本和董志翘先生

① 以下所举例子只是已有成果中的一部分（只到2008年），并参考了帅志嵩、谭代龙、龚波、郭浩瑜、黎路遐《佛经文献语言研究论著目录（1980—2006）》征求意见稿电子版，谨此说明并致谢。由于篇幅所限，举例不过多涉及相关学位论文。

又，关于佛典文献词汇研究的语料，张永言先生早于20世纪80年代论及，兹抄录以供研究者参考：“①许地山《佛藏子目引得》（前燕京大学哈佛燕京学社出版）为读《藏》极适用之工具书，与吕澂先生《目录》各有其用。②就我辈研究方向言，三藏之中，除‘经’而外，‘律’藏蕴涵口语词汇资料颇丰，值得注意，而‘论’则似乎用处较少。唐宋禅家语录（《大正新修大藏经》‘诸宗部’中）自不可忽视。③三国至南北朝诸译特别重要，实为探讨彼时（及唐代）‘俗语词’之渊薮。④读时不妨先依时代，以人（译者）为纲。如有同本异译，并宜适当参酌，有时可互相证发。⑤似可从三国入手［以（吴）支谦、康僧会二家为主］，再上及后汉，下及两晋南北朝。”载《昙盦文存下编·友朋函札选录》，《郭在贻文集》，中华书局2002年版，第四卷，第430～431页。

译注本，等等。①

这些佛典文献有的还存在一些缺失，因此，有学者对其进行补正。例如，董志翘先生《〈高僧传〉标点商榷》、《〈高僧传〉标点商榷（续）》、《〈宋高僧传〉标点琐议》、《中华书局版〈高僧传〉校点商补》，化振红先生《〈洛阳伽蓝记校注〉疑误商榷》，谭代龙先生《〈洛阳伽蓝记校注〉标点献疑》，汪维辉先生《〈高僧传〉标点商兑》，王绍峰先生《〈释迦方志〉校注补》，吴新江先生《是“到彦之”，不是“刘道产”——〈观世音应验记〉三种误校一例》。②

2. 词语考释

词语考释是佛典文献词汇研究的基础。“近代汉语词语的考释是近代汉语词汇研究的基础工作，尤其是因为原先对近代汉语的研究重视不够，现在我们对很多近代汉语词语的意义都不是很清楚，在这种情况下，更应把词语考释放在首位。”③ 其他语料，随着研究的深入，词语考释工作的重要性逐渐让位于有关理论探讨工作，而佛典文献由于其词汇的特殊性，词语考释工作仍很重

---

① 范祥雍校注：《洛阳伽蓝记》，上海古籍出版社 1999 年版；周祖谟校释：《洛阳伽蓝记》，上海书店出版社 2000 年版。白化文等校注：《入唐求法巡礼行记》，花山文艺出版社 1992 年版。吴福祥、顾之川校订：《祖堂集》，岳麓书社 1996 年版；张华校订：《祖堂集》，中州古籍出版社 2001 年版。孙昌武点校：《观世音应验记三种》，中华书局 1994 年版；董志翘：《观世音应验记三种译注》，江苏古籍出版社 2002 年版。

② 董志翘：《〈高僧传〉标点商榷》，《古籍整理研究学刊》1999 年第 1 期；《〈高僧传〉标点商榷（续）》，《古籍整理研究学刊》2000 年第 1 期；《〈宋高僧传〉标点琐议》，载《训诂类稿》，四川大学出版社 1999 年版；《中华书局版〈高僧传〉校点商补》，《四川师范大学学报》2005 年第 4 期。化振红：《〈洛阳伽蓝记校注〉疑误商榷》，《古汉语研究》2002 年第 3 期。谭代龙：《〈洛阳伽蓝记校注〉标点献疑》，《四川师范大学学报》2002 年第 1 期。汪维辉：《〈高僧传〉标点商兑》，《古籍整理研究学刊》1997 年第 3 期。王绍峰：《〈释迦方志〉校注补》，《古汉语研究》2005 年第 1 期。吴新江：《是“到彦之”，不是“刘道产”——〈观世音应验记〉三种误校一例》，《文教资料》2000 年第 1 期。

③ 蒋绍愚：《近代汉语研究概要》，北京大学出版社 2005 年版，第 287 页。

要。这方面的代表性著作有李明权先生的《佛学典故汇释》，袁宾先生的《禅宗著作词语汇释》，李维琦先生的《佛经释词》、《佛经续释词》，以及在此二书基础上增删修订而成的《佛经词语汇释》。代表性论文有蒋绍愚先生的《〈祖堂集〉词语试释》，蔡镜浩先生的《魏晋南北朝佛经翻译中的几个俗词语》，董志翘先生的《〈五灯会元〉语词考释》、《〈高僧传〉词语通释（一）（二）》，方一新先生的《南朝人撰三种〈观世音应验记〉词义琐记六则》、《玄应〈一切经音义〉卷一二〈生经〉音义劄记》，顾满林先生的《从早期汉译佛经看“塔”的产生时代》，姚永铭先生的《〈一切经音义〉与词语探源》，曾良、叶爱国先生的《王梵志诗“脆风坏”讨论二则》，徐时仪先生的《玄应〈众经音义〉方言俗语词考》。[①] 竺家宁先生的《佛经语言研究综述——词义的研究》将有关佛经词义的研究分为泛论经典的词义、个别经典的词义、意义类型的研究、单字单词的研究、词义比较研究、词义断代研究，其中所举代表性论文大多是词语考释，并在此基础上有进一步的研究。[②]

---

① 李明权：《佛学典故汇释》，浙江古籍出版社 1990 年版。袁宾：《禅宗著作词语汇释》，江苏古籍出版社 1990 年版。李维琦：《佛经释词》，岳麓书社 1993 年版；《佛经续释词》，岳麓书社 1999 年版；《佛经词语汇释》，湖南师范大学出版社 2004 年版。蒋绍愚：《〈祖堂集〉词语试释》，《中国语文》1985 年第 2 期。蔡镜浩：《魏晋南北朝佛经翻译中的几个俗词语》，《中国语文》1989 年第 1 期。董志翘：《〈五灯会元〉语词考释》，《中国语文》1990 年第 1 期；《〈高僧传〉词语通释（一）（二）》，《汉语史研究集刊》第二、第三辑，巴蜀书社 1999、2000 年版。方一新：《南朝人撰三种〈观世音应验记〉词义琐记六则》，《中国语文》2001 年第 2 期；《玄应〈一切经音义〉卷一二〈生经〉音义劄记》，《古汉语研究》2006 年第 3 期。顾满林：《从早期汉译佛经看“塔”的产生时代》，《中国语文》2004 年第 4 期。姚永铭：《〈一切经音义〉与词语探源》，《中国语文》2001 年第 2 期。曾良、叶爱国：《王梵志诗“脆风坏”讨论二则》，《中国语文》2003 年第 6 期。徐时仪：《玄应〈众经音义〉方言俗语词考》，《汉语学报》2005 年第 1 期。

② 竺家宁：《佛经语言研究综述——词义的研究》，《佛教图书馆馆刊》，嘉义 2007 年版，第 45 期。

3. 疑伪经及翻译年代、译者考辨

从事佛典文献词汇研究的一个前提和重要内容就是鉴别语料的年代与作者。如果年代有误，则利用此语料研究出来的结论也就不可靠。从语言学的角度来考察佛经的翻译年代，应该成为佛经辨伪的重要方法。这方面的代表性研究成果有方一新先生“东汉魏晋疑伪佛经的语言学鉴别研究”系列成果，如《翻译佛经语料年代的语言学考察——以〈大方便佛报恩经〉为例》、《〈分别功德论〉翻译年代初探》、《〈兴起行经〉翻译年代初探》、《从疑问句看〈大方便佛报恩经〉的翻译年代》。[①] 其最终成果《东汉三国疑伪佛经考辨研究》对早期佛经翻译家安世高、支娄迦谶、支谦等人翻译的佛经进行了较为系统的考辨，重点考察了 12 种疑伪佛经。在词汇方面，提取“规律性强、普遍性好”的词作为判定依据，并大致上分为外来词和本土词两大类。该成果初步建立了一套从语言学的角度对疑伪佛经进行鉴别的方法，具有较强的可操作性，并为明确早期东汉三国的部分可疑译经提供了重要参考。[②]

其他代表性成果有季琴先生的《从词汇的角度看〈撰集百缘经〉的译者及成书年代》，梁晓虹先生的《从〈佛说孝顺子修行成佛经〉看“伪疑经”在汉语史研究中的价值》，史光辉先生的《从语言角度判定〈伅真陀罗所问如来三昧经〉非支谶所译》，谭代龙先生的《义净译著中的注文及其作者之研究》，辛岛静志先生的《〈撰集百缘经〉的译者问题》、《〈撰集百缘经〉的译出年

① 方一新：《翻译佛经语料年代的语言学考察——以〈大方便佛报恩经〉为例》，《古汉语研究》2003 年第 3 期；《〈分别功德论〉翻译年代初探》，《浙江大学学报》2003 年第 5 期；《〈兴起行经〉翻译年代初探》，《中国语言学报》第 11 期，商务印书馆 2003 年版；《从疑问句看〈大方便佛报恩经〉的翻译年代》，《语言研究》2005 年第 3 期。

② 此据浙江省社科联《国家社科基金项目终期成果介绍》，浙江社科网。

代考证——出本元代博士的研究简介》，遇笑容、曹广顺先生的《从语言的角度看某些早期译经的翻译年代问题——以〈旧杂譬喻经〉为例》，汪维辉先生的《从语言角度看两种〈般舟三昧经〉的译者》。①

4. 同经异译研究

同一部佛经在历史上可能有过多人对其进行翻译，不同时代的翻译家翻译出来的佛经词汇会有差异，对这种差异进行研究，可以进一步考查不同译者的词汇差异和翻译风格等，并进而断定某些疑伪佛经的作者与翻译年代。这方面的代表性成果有董琨先生的《"同经异译"与佛经语言特点管窥》，胡敕瑞先生的《略论汉文佛典异译在汉语词汇研究上的价值——以"小品般若"汉文异译为例》、《〈道行般若经〉与其汉文异译的互校》，辛岛静志先生的《〈道行般若经〉和"异译"的对比研究》，江傲霜先生的《同经异译的〈维摩诘经〉及其对汉语词汇发展的贡献》，

---

① 季琴：《从词汇的角度看〈撰集百缘经〉的译者及成书年代》，《宗教学研究》2006年第4期。梁晓虹：《从〈佛说孝顺子修行成佛经〉看"伪疑经"在汉语史研究中的价值》，载《汉语现状与历史的研究——首届汉语语言学国际研讨会文集》，中国社会科学出版社1999年版。史光辉：《从语言角度判定〈伅真陀罗所问如来三昧经〉非支谶所译》，《汉语史学报》第五辑，上海教育出版社2006年版。谭代龙：《义净译著中的注文及其作者之研究》，《青海师范大学学报》2006年第1期。辛岛静志：《〈撰集百缘经〉的译者问题》、《〈撰集百缘经〉的译出年代考证——出本元代博士的研究简介》，《汉语史学报》第六辑，上海教育出版社2006年版。遇笑容、曹广顺：《从语言的角度看某些早期译经的翻译年代问题——以〈旧杂譬喻经〉为例》，《汉语史研究集刊》第三辑，巴蜀书社2000年版。汪维辉：《从语言角度看两种〈般舟三昧经〉的译者》，第二届汉文佛典语言学研讨会论文，湖南师范大学2004年。

汪祎先生的《同经异译比较释词举隅》。[①] 另外，陈文杰、史光辉先生正主持关于译佛经词汇研究的科研项目。

5. 版本异文研究

同一佛经的不同版本通常会有异文，孰正孰误？或反映了不同时代、不同译经者的词汇差异与语言风格差异？这方面的代表性成果有蒋冀骋先生的《〈长阿含经〉校读记》，景盛轩先生的《异文的文化阐释》、《试论敦煌佛经异文研究的价值和意义：以〈大般涅槃经〉为例》，景盛轩、吴波先生的《南、北本〈大般涅槃经〉词汇差异》，[②] 其中《试论敦煌佛经异文研究的价值和意义：以〈大般涅槃经〉为例》分别从异文与佛经整理、异文与汉语史研究、异文与汉字研究、汉文与文化史研究四个方面论述了敦煌佛经异文研究的重要价值。顾满林先生的《从僧睿〈大品经序〉看今存汉文佛典用语》谈到了鸠摩罗什主译而成的《摩诃般若波罗蜜经》的异文情况：僧睿所撰的《大品经序》指出鸠摩罗什在译出《摩诃般若波罗蜜经》之后，在翻译《大智度论》的过程中继续修改《摩诃般若波罗蜜经》，并以 9 对词语为例谈及鸠摩罗什翻译及修订此经时所作的语言创新。但是，僧睿的《大品经序》中的记载同今存相关汉文佛典的实际用语并不完全一

---

① 董琨：《“同经异译”与佛经语言特点管窥》，《中国语文》2002 年第 6 期。胡敕瑞：《略论汉文佛典异译在汉语词汇研究上的价值——以“小品般若”汉文异译为例》，《古汉语研究》2004 年第 3 期；《〈道行般若经〉与其汉文异译的互校》，《汉语史学报》第四辑，上海教育出版社 2005 年版。辛岛静志：《〈道行般若经〉和“异译”的对比研究》，《汉语史研究集刊》第四、第五辑，巴蜀书社 2001、2002 年版。江傲霜：《同经异译的〈维摩诘经〉及其对汉语词汇发展的贡献》，《海南大学学报》2007 年第 2 期。汪祎：《同经异译比较释词举隅》，《南京师范大学文学院学报》2007 年第 2 期。

② 蒋冀骋：《〈长阿含经〉校读记》，《汉语史学报》第三辑，载《姜亮夫、蒋礼鸿、郭在贻先生纪念文集》，上海教育出版社 2003 年版。景盛轩：《异文的文化阐释》，《西南交通大学学报》2004 年第 6 期；《试论敦煌佛经异文研究的价值和意义：以〈大般涅槃经〉为例》，《敦煌研究》2004 年第 5 期。景盛轩、吴波：《南、北本〈大般涅槃经〉词汇差异》，《汉语史研究集刊》第十一辑，巴蜀书社 2008 年版。

致，它同僧祐的《出三藏记集》的相关记载也有出入。顾文调查表明，同为鸠摩罗什主译而成的《摩诃般若波罗蜜经》和《大智度论》部分用语彼此有别，今本《摩诃般若波罗蜜经》有可能并非鸠摩罗什心目中的最后定稿。诸多材料显示，今存汉译佛典和中土佛教撰述都有可能在传抄过程中失真。①

6. 基于梵汉对勘的词汇现象研究

汉译佛经中存在着大量汉语与原典语言相互混杂的语言现象。基于梵汉对勘的佛典文献词汇研究是指在梵汉对勘方法并综合运用汉语史研究的其他各种方法的基础上，将汉译佛经的语言与原典语言进行对比研究，借以明确语言接触对汉语史的影响。当然，“梵”应指一切原典语言，并非仅仅指古典梵文，还应包括其他种类的印度语文，或者还有其他的中亚古代语言。②

这方面的主要代表性著作有金克木先生的《〈汉梵对勘金刚经〉小引》，梅维恒先生的《〈贤愚经〉的原典语言》，储泰松先生的《“和尚”的语源及其形义的演变》，顾满林先生的《试论东汉佛经翻译不同译者对音译或意译的偏好》、《东汉译经中半音译半意译的外来词简析》、《汉文佛典音译词的节译形式与全译形式》，朱冠明、段晴先生的《梵汉本〈法华经〉语词札记》，朱庆之先生的《佛经翻译与中古汉语词汇二题》、《汉译佛典在原典解读方面的价值举隅——以KERN英译〈法华经〉为例》、《从几组汉梵同理据词看中印文化的早期交往》、《佛经翻译中的仿译及其对汉语词汇的影响》、《梵汉〈法华经〉中的“偈”、“颂”和

---

① 顾满林：《从僧睿〈大品经序〉看今存汉文佛典用语》，《宗教学研究》2008年第1期。

② 王继红：《玄奘译经四言文体的构成方法——以〈阿毗达磨俱舍论〉梵汉对勘为例》，《中国文化研究》2006年第2期。

"偈颂"》。[1] 与梵汉对勘有关的词汇研究论文还有俞理明、顾满林先生的《东汉佛经中的"香"和"臭"》，顾满林先生的《汉文佛典中"讹略"一词的五种用法》，朱冠明先生的《从中古佛典看"自己"的形成》。[2] 其他有关论文还有一些，如王继红先生的《玄奘译经的语言学考察——以〈阿毗达磨俱舍论〉梵汉对勘为例》[3] 等，但研究重点不在词汇。另外，段晴、朱冠明先生都正主持有关基于梵汉对勘的佛经语言研究科研项目。

7. 佛典文献词汇与中土文献词汇的比较研究

佛典文献词汇中的大部分还是汉语中所固有的词汇，但佛典文献词汇与中土文献词汇毕竟又有显著的差异，所以，对于两者的相同、相异之处进行比较研究可以进一步了解其词汇特点。这方面的著作有胡敕瑞先生的《〈论衡〉与东汉佛典词语比较研究》、陈秀兰先生的《魏晋南北朝文与汉文佛典语言比较研

① 金克木：《〈汉梵对勘金刚经〉小引》，《南亚研究》1985年第2期。梅维恒：《〈贤愚经〉的原典语言》，《汉语史研究集刊》第八辑，巴蜀书社2005年版。储泰松：《"和尚"的语源及其形义的演变》，《语言研究》2002年第1期。顾满林：《试论东汉佛经翻译不同译者对音译或意译的偏好》、《东汉译经中半音译半意译的外来词简析》、《汉文佛典音译词的节译形式与全译形式》，《汉语史研究集刊》第五、第六、第九辑，巴蜀书社2002、2003、2006年版。朱冠明、段晴：《梵汉本〈法华经〉语词札记》，《古汉语研究》2005年第2期。朱庆之：《佛经翻译与中古汉语词汇二题》，《中国语文》1990年第2期；《汉译佛典在原典解读方面的价值举隅——以KERN英译〈法华经〉为例》、《从几组汉梵同理据词看中印文化的早期交往》，《学术集林》第六、第十一辑，上海远东出版社1995、1997年版；《佛经翻译中的仿译及其对汉语词汇的影响》，《中古近代汉语研究》第一辑，上海教育出版社2000年版；《梵汉〈法华经〉中的"偈"、"颂"和"偈颂"》，《汉语史研究集刊》第三、第四辑，巴蜀书社2000、2001年版。

② 俞理明、顾满林：《东汉佛经中的"香"和"臭"》，顾满林：《汉文佛典中"讹略"一词的五种用法》，均载《汉语史研究集刊》第十一辑，巴蜀书社2008年版。朱冠明：《从中古佛典看"自己"的形成》，《中国语文》2007年第5期。

③ 王继红：《玄奘译经的语言学考察——以〈阿毗达磨俱舍论〉梵汉对勘为例》，《外语教学与研究》2006年第1期。

究》。[①] 代表性论文有陈秀兰先生的《从常用词看魏晋南北朝文与汉文佛典语言的差异》，王云路先生的《试说翻译佛经新词新义的产生理据》，俞理明先生的《东汉佛道文献词汇研究的构想》，朱庆之先生的《佛经翻译与中古汉语词汇二题》、《试论佛典翻译对中古汉语词汇发展的若干影响》。[②]

8. 佛经词汇修辞研究

唐道宣《续高僧传》卷四："至如梵文天语，元开大夏之乡；鸟迹方韵，出自神州之俗。具如别传，曲尽规猷，遂有侥幸时誉，叨临传述，逐转铺词，返音列喻；繁略科断，比事拟伦，语迹虽同，校理诚异。"（T50，p. 459，a19～26）[③] 把梵文（包括西域诸国的语言）这种中国人原不熟悉的"天语"流传的佛经译成汉文，"无疑是一项'明逾前圣，德迈往贤'的艰苦的再创作，它包容着中国文化深厚的底蕴"[④]。其中的修辞无疑值得我们深入探讨。汉译佛经修辞以譬喻为最多。北凉昙无谶译《大般涅槃经》卷二十九记载"喻有八种"（T12，p. 536，b11～14）。禅宗文献中的词汇修辞现象也不少。这方面的成果主要有陈兰香先生的《佛经词语中的比喻造词及其美质》，梁晓虹先生的《汉译佛经中的"比喻造词"》、《佛经譬喻造词之特色》，王继红先生的《玄奘译经四言文体的构成方法——以〈阿毗达磨俱舍论〉梵汉

① 胡敕瑞：《〈论衡〉与东汉佛典词语比较研究》，巴蜀书社2002年版。陈秀兰：《魏晋南北朝文与汉文佛典语言比较研究》，中华书局2008年版。

② 陈秀兰：《从常用词看魏晋南北朝文与汉文佛典语言的差异》，《古汉语研究》2004年第1期。王云路：《试说翻译佛经新词新义的产生理据》，《语言研究》2006年第2期。俞理明：《东汉佛道文献词汇研究的构想》，《汉语史研究集刊》第八辑，巴蜀书社2005年版。朱庆之：《佛经翻译与中古汉语词汇二题》，《中国语文》1990年第2期；《试论佛典翻译对中古汉语词汇发展的若干影响》，《中国语文》1992年第4期。

③ 本章所引佛经，均据中华电子佛典协会CBETA电子版《大正藏》（引文后标明册数、页码、栏数、行数）并复核纸质本。

④ 李富华、何梅：《汉文佛教大藏经研究》，宗教文化出版社2003年版，第19页。

对勘为例》。[1] 在这一方面作出宏观性综述的有曾昭聪、刘玉红的《汉译佛经修辞研究的回顾与前瞻》[2]。有关禅宗文献修辞研究的论文也有一些，如疏志强先生的《试论禅宗修辞的非逻辑性》、焦毓梅先生的《禅宗公案话语的修辞分析》，[3] 不过，其研究重点并不在词汇。

9. 相关词汇理论研究

全面地看，近代汉语词汇的研究不仅仅是词语考释，而应包括更多的内容。近代汉语词汇研究应该包括词语的考释、构词法的研究、常用词演变的研究、专书词汇研究、各阶段词汇系统的研究和近代汉语词汇发展史的研究。[4] 佛典文献词汇研究日益注重佛典文献的相关理论探讨。朱庆之先生的《佛典与中古汉语词汇研究》[5] 是这一方面的开创之作。颜洽茂先生的《中古汉译佛典词汇研究》力图将个别词语的考释、断代词汇面貌的清理与汉语历史词汇的系统和理论研究有机地结合起来，并提供中古汉语词汇研究的某些“模型”，揭示出中古汉语词汇的特点以及汉语词汇历史发展中一些带规律性的东西。[6] 董志翘先生的《汉文佛教文献语言研究与训诂学》揭示了佛典文献语言研究与训诂学之关系。[7] 谭代龙先生的《义净译经身体运动概念场词汇系统及其

---

① 陈兰香：《佛经词语中的比喻造词及其美质》，《修辞学习》1999 年第 5 期。梁晓虹：《汉译佛经中的“比喻造词”》，《暨南大学学报》1991 年第 2 期；《佛经譬喻造词之特色》，《语文建设通讯》1991 年第 33 期。王继红：《玄奘译经四言文体的构成方法——以〈阿毗达磨俱舍论〉梵汉对勘为例》，《中国文化研究》2006 年第 2 期。

② 曾昭聪、刘玉红：《汉译佛经修辞研究的回顾与前瞻》，《修辞学习》2008 年第 5 期。

③ 疏志强：《试论禅宗修辞的非逻辑性》，《浙江师范大学学报》2004 年第 1 期。焦毓梅：《禅宗公案话语的修辞分析》，《求索》2006 年第 12 期。

④ 蒋绍愚：《近代汉语研究概要》，北京大学出版社 2005 年版，第 287 页。

⑤ 朱庆之：《佛典与中古汉语词汇研究》，台北文津出版社 1992 年版。

⑥ 此据浙江省社科联《国家社科基金项目终期成果介绍》，浙江社科网。

⑦ 董志翘：《汉文佛教文献语言研究与训诂学》，《汉语史研究集刊》第八辑，巴蜀书社 2005 年版。

演变研究》以义净译经为语料，以其中指称身体运动概念的相关词汇为研究对象，获得了初唐时期该类词汇的面貌和系统属性，并对反映出来的规律性现象加以理论概括。①

其他代表性专著有梁晓虹先生的《佛教词语的构造与汉语词汇的发展》、颜洽茂先生的《佛教语言阐释》、俞理明先生的《佛经文献语言》。② 代表性论文有董志翘先生的《汉译佛典的今注今译与中古汉语词语研究》，顾满林先生的《东汉佛经音译词的同词异形现象》，何亚南先生的《从佛经看早期外来音译词的汉化》，蒋冀骋先生的《新编佛经词典初论》，许理和先生的《关于初期汉译佛经的新思考》、《最早的佛经译文中的东汉口语成分》，张幼军先生的《论佛经训诂方法》，竺家宁先生的《魏晋佛经的三音节构词现象》。③ 理论上的思考涉及语言研究的各个方面。

10. 断代与专书词汇研究

佛典的断代研究可以理清一个时代佛典语言的特点，而专书研究又可以对专书语言现象有更深入细致的把握。这方面的代表性著作有董志翘先生的《〈入唐求法巡礼行记〉词汇研究》，化振红先生的《〈洛阳伽蓝记〉词汇研究》，史光辉先生的《东汉佛

① 谭代龙：《义净译经身体运动概念场词汇系统及其演变研究》，语文出版社2008年版。

② 梁晓虹：《佛教词语的构造与汉语词汇的发展》，北京语言学院出版社1994年版。颜洽茂：《佛教语言阐释》，杭州大学出版社1997年版。俞理明：《佛经文献语言》，巴蜀书社1993年版。

③ 董志翘：《汉译佛典的今注今译与中古汉语词语研究》，《古籍整理研究学刊》2002年第1期。顾满林：《东汉佛经音译词的同词异形现象》，《汉语史研究集刊》第八辑，巴蜀书社2005年版。何亚南：《从佛经看早期外来音译词的汉化》，《南京师范大学学报》2003年第3期。蒋冀骋：《新编佛经词典初论》，《语言研究》2003年第1期。许理和：《关于初期汉译佛经的新思考》，《汉语史研究集刊》第四辑，巴蜀书社2001年版；《最早的佛经译文中的东汉口语成分》，《语言学论丛》第十四辑，商务印书馆1987年版。张幼军：《论佛经训诂方法》，《古汉语研究》2006年第2期。竺家宁：《魏晋佛经的三音节构词现象》，载《纪念王力先生百年诞辰语言学学术论文集》，商务印书馆2002年版。

经词汇研究》，王绍峰先生的《初唐佛典词汇研究》，徐时仪先生的《慧琳音义研究》、《玄应〈众经音义〉研究》，姚永铭先生的《慧琳〈一切经音义〉研究》。① 主要论文有王小莘先生的《〈高僧传〉词汇研究》等。②

第三节　佛典文献词汇研究展望

从以上佛典文献词汇研究的语料范围和角度及代表性成果中可以看出，佛典文献词汇研究已经取得了很大的成绩。回顾过去，展望未来，在以下诸方面还需进一步加强。

（1）从研究所涉语料范围来看，现有的研究成果对各种语料均有涉及，但在语料利用上尚不均衡。对东汉以来的汉译佛经和中土所产生的佛经，尤其是唐宋禅宗语录利用得较多，而其他语料利用较少。例如，史传著作、地志著作和佛经目录著作就较少有人利用其中语料进行词汇研究。诚然，东汉以来的汉译佛经与禅宗语录中有数量极多的新词新义值得探讨，但其他语料也不容忽视。另外，从事汉语词语考释时，只有少数学者注意利用佛经音义。今天研究佛典文献词汇，对于古人的研究成果应该充分利用。

（2）从研究角度来看，相当多的研究力量集中在疑难词语的

---

① 董志翘：《〈入唐求法巡礼行记〉词汇研究》，中国社会科学出版社 2000 年版。化振红：《〈洛阳伽蓝记〉词汇研究》，中国文史出版社 2002 年版。史光辉：《东汉佛经词汇研究》，浙江大学 2001 年博士学位论文。王绍峰：《初唐佛典词汇研究》，安徽教育出版社 2004 年版。徐时仪：《慧琳音义研究》，上海社会科学院出版社 1997 年版；《玄应〈众经音义〉研究》，中华书局 2005 年版。姚永铭：《慧琳〈一切经音义〉研究》，江苏古籍出版社 2003 年版。

② 王小莘：《〈高僧传〉词汇研究》，《语言学论丛》第二十二辑，商务印书馆 1999 年版。

考释上。虽然这是研究佛典文献的基础工作，但不能仅停留在这一层面。以上所谈到的各方面都值得我们花大力气去进行。当然，有的难度过大，需要掌握多种相关知识，例如，从事基于梵汉对勘的佛典词汇研究需要掌握梵语，从事词汇修辞研究需要掌握修辞学基础知识与基本理论。但一般说来，只要肯花时间和精力，都是有能力胜任的。从事基于梵汉对勘的佛典词汇研究的学者中，有不少就是近年来才深入学习梵语并将其用于研究工作的。又如，关于佛典文献的修辞研究，2007 年 10 月在四川大学召开的第三届汉语史暨第六届中古汉语学术研讨会上所提交的论文中，吴礼权的《关于修辞学与汉语史研究的断想》与曾昭聪的《汉译佛经修辞研究的回顾与前瞻》不约而同地大力倡导，但这一方面的研究至今仍很薄弱。

（3）从研究的方法来看，虽说词汇研究的方法因研究角度不同而有一定的差异，但也有共同之处。从已有成果来看，佛典文献词汇研究成果很好地吸取了传统训诂学的优良传统，从语言材料出发，注重实证，不作凿空之论。而今后应注意加强的，笔者认为有如下三个方面：

①佛典文献词汇研究应多作“比较”。词语考释需要语境、用例的比较；而疑伪经及翻译年代、译者考辨，同经异译研究，版本异文研究，基于梵汉对勘的词汇现象研究，佛典文献词汇与中土文献词汇的比较研究，更需要比较。比较是发现语言的共性和特性的有效方法，吕叔湘先生就曾经大力提倡对比研究的方法。[①] 佛典文献词汇研究也只有在比较的基础之上才可能进一步深入，以发现其词汇特点，加速理论建设。在这一方面，难度最大的是基于梵汉对勘的词汇研究。随着研究的深入，不懂梵语（也包括汉译佛经的原典语言，即除梵语之外的其他印度古代语

① 吕叔湘：《通过对比研究语法》，《语言教学与研究》1977 年第 2 期。

言和中亚地区的古代语言）将受到很大的局限，这也对从事佛典文献词汇研究的学者们提出了更高的要求。

②研究方法上需注意利用有关理论（包括训诂学理论与语义学理论）来作指导并对研究成果作理论上的总结归纳。虽然已经有了相当多的成果，但理论的利用与总结应随着研究的深入而得到更多的重视。当然，理论的利用需要我们站得更高，视野更开阔；而理论的总结则需要我们拥有更多的实证研究的基础。

③汉译佛经词汇研究必须与中土文献相结合进行。梁启超曾说过佛经翻译可分三期："第一，外国主译期；第二，中外人共译期；第三，本国人主译期。宋赞宁《高僧传》三集论之云'初则梵客华僧，听言揣意，方圆共凿，金石难和。碗配世间，摆名三昧，咫尺千里，觌面难通……'此为第一期之情状。安世高、支娄迦谶等实其代表。此期中之翻译，全为私人事业，译师来自西域，汉语既不甚了解，笔受之人，语学与教理，两皆不娴，讹谬浅薄，在所不免。又云'次则彼晓汉谈，我知梵说，十得八九，时有差违……'此第二期之情状。鸠摩罗什、觉贤、真谛等实其代表。口宣者已能习汉言，笔述者且深通佛理，故邃典妙文，次第步现；然业有待于合作，义每隔于一层。又云'后则猛显亲往，奘空两通；器请师子之膏，鹅得水中之乳……印印皆同，声声不别。'此第三期之情状。玄奘、义净等实其代表。"①由于外国翻译家对汉语毕竟有一定的隔膜，早期的译经在词汇的运用上也必会受其本民族语言的影响，因此，我们在研究时不可仅局限于汉译佛经中的语言现象，必须将其与中土文献相对照，以避免将非汉语形式的语言现象视作汉语发展史上的固有特点和发展演变阶段的情况。

---

① 梁启超：《翻译文学与佛典》，载《佛学研究十八篇》，上海古籍出版社2001年版，第173页。

回顾过去，展望未来，我们有理由相信佛典文献词汇的研究已经是传统训诂学在当代发展的新领域，也将是汉语词汇训诂研究继续深入发展的方向之一。语言研究者需要“精勤苦行，灭恶修善，勤习不舍”（T01，p. 11，c18），方能体会佛典文献词汇之微妙，共同推动佛典文献词汇研究的发展与繁荣。①

★推荐阅读书目

陈文杰：《早期汉译佛典语言研究》，台湾佛光山文教基金会2002年版。

陈秀兰：《魏晋南北朝文与汉文佛典语言比较研究》，中华书局2008年版。

董志翘：《〈入唐求法巡礼行记〉词汇研究》，中国社会科学出版社2000年版。

胡敕瑞：《〈论衡〉与东汉佛典词语比较研究》，巴蜀书社2002年版。

化振红：《〈洛阳伽蓝记〉词汇研究》，中国文史出版社2002年版。

李富华、何梅：《汉文佛教大藏经研究》，宗教文化出版社2003年版。

李明权：《佛学典故汇释》，浙江古籍出版社1990年版。

李维琦：《佛经词语汇释》，湖南师范大学出版社2004年版。

梁启超：《佛学研究十八篇》，上海古籍出版社2001年版。

---

① 本章写就之后，读到台湾政治大学竺家宁先生的《佛经语言研究综述——词汇篇》（香港宝莲禅寺网页 http：//www. plm. org. cn/dispArticle. asp？id = 116025，2009 - 3 - 27），该文除前言与结语外，从佛经的构词问题、佛经的复合词研究、佛经的翻译问题、佛经词汇的演化、佛经著作的书评等五个部分对当前佛经词汇研究成果作了综述。竺文与本章性质相同，但研究视角与写作角度不一样，从事佛典文献词汇研究的读者可以参考。

梁晓虹:《佛教词语的构造与汉语词汇的发展》，北京语言学院出版社 1994 年版。

梁晓虹:《佛教与汉语词汇研究》，台湾佛光文化 2001 年版。

梁晓虹:《佛教与汉语史研究——以日本资料为中心》，上海古籍出版社 2008 年版。

梁晓虹、徐时仪、陈五云:《佛经音义与汉语词汇研究》，商务印书馆 2005 年版。

谭代龙：《义净译经身体运动概念场词汇系统及其演变研究》，语文出版社 2008 年版。

王绍峰:《初唐佛典词汇研究》，安徽教育出版社 2004 年版。

徐时仪：《慧琳音义研究》，上海社会科学院出版社 1997 年版。

徐时仪:《玄应〈众经音义〉研究》，中华书局 2005 年版。

徐时仪、陈五云、梁晓虹编:《佛经音义研究——首届佛经音义研究国际学术研讨会论文集》，上海古籍出版社 2006 年版。

姚永铭：《慧琳〈一切经音义〉研究》，江苏古籍出版社 2003 年版。

颜洽茂:《佛教语言阐释——中古佛经词汇研究》，杭州大学出版社 1997 年版。

俞理明:《佛经文献语言》，巴蜀书社 1993 年版。

袁宾:《禅宗著作词语汇释》，江苏古籍出版社 1990 年版。

朱庆之:《佛典与中古汉语词汇研究》，台北文津出版社 1992 年版。

第四章　敦煌文献词汇研究

第一节　敦煌文献词汇研究的语料

出土文献作为语言材料，有其特殊的研究价值。自1900年敦煌莫高窟藏经洞被发现，敦煌学迅速成为一门国际显学。陈寅恪先生在为《敦煌劫余录》作序时说：“一时代之学术，必有其新材料与新问题。取用此新材料，以研求新问题，则为此时代学术之新潮流。”“敦煌学者，今日世界学术之新潮流也。”[①] 陈寅恪先生所谓的敦煌学主要指对敦煌藏经洞出土文书的研究；随着考古工作的发展以及敦煌汉简、吐鲁番文书、西域文书的大量出土等，敦煌学已经扩大成为一门以敦煌和吐鲁番出土文物文献为研究对象的综合性科学。从语言研究的角度来说，敦煌文献体现了唐五代时期的语言面貌，具有大量的俗语词，是研究唐五代语言的绝好语料。1957年，由王重民、向达等六位先生编纂而成的《敦煌变文集》出版，两年之后，蒋礼鸿先生就出版了《敦煌变文字义通释》，开创了敦煌语言文字研究领域。此书一共出了六版，字数由第一版的五万多字增加到第六版的四十多万字，这一方面说明蒋先生做学问时孜孜以求的态度，另一方面也说明敦煌

---

① 陈寅恪：《陈垣〈敦煌劫余录〉序》，载《金明馆丛稿二编》，上海古籍出版社1980年版，第236页。

语言文字研究确实是一个广阔的天地。①

敦煌文献品种繁多，内容丰富，已经整理出版的文献数量很多。中国敦煌吐鲁番学会系统编辑整理的《敦煌文献分类录校丛刊》（简称《丛刊》）已于1998年由江苏古籍出版社出齐。《丛刊》按文献性质分类录校而成，共有十种，分别为《敦煌天文历法文献辑校》、《敦煌赋汇》、《敦煌社邑文书辑校》、《敦煌佛教经录辑校》、《敦煌表状笺启书仪辑校》、《敦煌禅籍录校》、《敦煌论语集解》、《敦煌医药文献辑校》、《敦煌契约文书辑校》、《敦煌变文辑校》。② 从汉语词汇训诂研究的语料角度来说，已有的研究主要集中于敦煌文献的如下几个大类：

（1）变文。敦煌俗文学是19世纪末20世纪初出土于敦煌莫高窟藏经洞及藏经洞以外的一些唐五代俗文学作品，包括变文、讲经文、押坐文、话本、诗、词文等。1931年3月，《小说月报》刊登了郑振铎的论文《敦煌的俗文学》，自此敦煌俗文学的研究就成了一门显学。其中，敦煌变文是敦煌俗文学的代表。吕叔湘先生把以敦煌变文为代表的敦煌俗文学作品看作是近代汉语跟古代汉语的分界线，是研究晚唐、五代词汇和语法的重要语料。③黄征、张涌泉先生说："如果从语言方面来说，变文采用的是接近当时口语的文字，保存着大量的口语资料，它对于推究古今语音演变之轨迹，考索宋元白话之沿溯，都有着重要的参考价值。"④

关于变文的辑录与研究，自1954年周绍良先生编《敦煌变

---

① 参见张涌泉：《从语言文字的角度看敦煌文献的价值》，《中国社会科学》2001年第2期。

② 据《中国典籍与文化》1999年第2期《敦煌文献分类录校丛刊》介绍。

③ 吕叔湘：《刘坚〈近代汉语读本〉序》（修订本），上海教育出版社2005年版，第3页。

④ 黄征、张涌泉：《敦煌变文校注》，中华书局1997年版，前言第6页。

文汇录》以来，先后出现了王重民、向达、周一良、启功、王庆菽和曾毅公六位先生合编的《敦煌变文集》，蒋礼鸿先生的《敦煌变文字义通释》，潘重规先生的《敦煌变文集新书》，郭在贻、张涌泉、黄征先生的《敦煌变文集校议》，项楚先生的《敦煌变文选注》，黄征、张涌泉先生的《敦煌变文校注》等专著及大量的校勘与研究论文，硕果累累，使敦煌变文的研究成为汉语史研究的热门课题。

（2）王梵志诗。王梵志是唐代一位神话式的人物，“敦煌所出王梵志诗写本共有三十五种，加上散见于唐宋诗话笔记、禅宗语录中的王梵志诗，张锡厚所著的《王梵志校辑》厘定为三三六首，本书经过重新分首、辨伪和辑佚，厘定为三二一首。这三百多首诗的内容相当广泛，思想十分驳杂，它们暗示了关于作者的许多情况。我经过潜心玩索，深信这三百多首‘王梵志诗’，绝不是一人所作，也不是一时所作，而是在数百年间，由许多无名白话诗人陆续写就的”①。

关于王梵志诗的研究，主要有张锡厚先生的《王梵志校辑》、项楚先生的《王梵志诗校注》和一大批校勘研究论文。项楚先生的著作在张锡厚先生的《王梵志校辑》、朱凤玉先生的《王梵志诗研究》、戴密微先生的《王梵志诗》校译本的基础上重加校勘，广征博引，是至今最好的校勘整理本。

（3）敦煌曲。敦煌曲有两个含义。“一种是遵循传统词学的路子，把研究对象大致限定在传统的‘词’的范围，王重民先生的《敦煌曲子词集》初版于一九五〇年，收词一百六十一首，便是较早的一种敦煌曲子词的全辑本。另一种途径是大大扩展研究的领域，把《十二时》、《五更转》、《百岁篇》等民间俗曲也包括在内，早期的成果是任二北先生的《敦煌曲校录》，一九五五

① 项楚：《王梵志诗校注》，上海古籍出版社1991年版，前言第4页。

年出版，收辞达到五百四十五首。而任先生并不满足，又继续扩大战果，经过三十年的辛勤搜求和深入研究，《敦煌歌辞总编》终于在一九八七年问世，收辞多达一千三百余首，并有详细的校记和解说，是目前这方面搜罗最广、用力最勤的巨著。”①

敦煌曲校录研究著作除了上述王重民先生的《敦煌曲子词集》、任二北先生的《敦煌曲校录》和《敦煌歌辞总编》之外，任二北先生还著有《敦煌曲初探》。此外，蒋礼鸿先生撰有《敦煌曲子词集校议》，“饶宗颐、戴密微也编录有《敦煌曲》，收录318首。周绍良《补敦煌曲子词》又从庄严勘所藏《维摩诘经》背面辑录了13首曲子词”。“陈人之、颜廷亮《云谣集杂曲子》(1998）较全面地收录了自王国维以来，多位学者对《云谣集杂曲子》的校释和研究论文。”② 除项楚先生的《敦煌歌辞总编匡补》对《敦煌歌辞总编》进行了全面校勘研究之外，曾良先生的《〈敦煌歌辞总编〉校读研究》③ 也是一部对其进行校勘研究的力作。

（4）愿文。“愿文”作为术语最早见于丁福保的《佛学大辞典》：“愿文，为法事时述施主愿意之表白文也。”但实际上愿文的用途要广泛得多，既不限于佛教，也不限于佛事。“用于表达祈福禳灾及兼表颂赞的各种文章都是愿文。敦煌愿文则是特指敦煌文献、石窟题记和绢画、幡缯中所发现的愿文，这些愿文曾广泛流行于南北朝至宋初的敦煌地区，对当时当地的文化有重要影响。”④ 在《敦煌愿文集》出版之前，人们对“愿文”的观念是比较模糊的，用的多是“斋文”、“艺文”、“释子杂文”这样的

① 项楚：《敦煌歌辞总编匡补》，巴蜀书社2000年版，自序第1页。

② 袁宾、徐时仪、史佩信、陈年高：《二十世纪的近代汉语研究》，书海出版社2001年版，下册第890~891页。

③ 曾良：《〈敦煌歌辞总编〉校读研究》，台湾佛光山文教基金会2003年版。

④ 黄征、吴伟：《敦煌愿文集》，岳麓书社1995年版，前言第2页。

名称；《敦煌愿文集》出版之后，逐渐有较多的学者开始使用这一术语。

《敦煌愿文集》出版之后，对《敦煌愿文集》重加校勘的论文和对其中的词语进行考释的论文有很多。曾良先生的《敦煌愿文在汉语词汇史上的研究价值》① 专门讨论了敦煌愿文的语言研究价值，其专著《敦煌文献字义通释》② 对愿文中的多个词语进行了训诂考释。近年来，黄征、赵鑫晔先生合作整理《敦煌愿文集》的增订本，已经发表了部分整理成果。③ 敏春芳先生的《敦煌愿文词汇研究》④ 则首次对敦煌愿文词汇进行了较为全面、系统的研究。该论文探讨了愿文的词汇特点、新词新义、词汇的双音化、委婉词等；除对敦煌愿文中的词语进行静态描述外，还从历时的角度探讨了词语的来源、词义的演变方式及其过程，指出了愿文语料研究的辞书编纂价值。

除此之外，敦煌文献中仍有许多语料值得我们进一步研究和利用。敦煌文献中大约90%是佛教文献，包括不少藏外佚经和疑伪经；道教、摩尼教、景教经典亦为数不少；历史、地理、公私文书以及文学资料、科技史料等都非常重要。⑤ 这些文献，很多可以从词汇角度作深入研究。

第二节　敦煌文献词汇研究的方法

"敦煌文献大多是晚唐五代这个界标前后的产物，在汉语发

① 曾良：《敦煌愿文在汉语词汇史上的研究价值》，《文献》2000 年第 1 期。

② 曾良：《敦煌文献字义通释》，厦门大学出版社 2001 年版。

③ 黄征：《敦煌愿文研究述要》，《艺术百家》2009 年第 2 期。

④ 敏春芳：《敦煌愿文词汇研究》，兰州大学 2006 年博士学位论文。

⑤ 参见杨秀清：《百科全书式的敦煌文献》，《图书与情报》2006 年第 3 期；夏生平：《近二十年来敦煌文献的收藏、整理与刊布》，《敦煌研究》2008 年第 5 期。

展史上起着承前启后的作用，特别是其中以白话为主体的变文、曲子词、王梵志诗，以及愿文、契约等社会经济文书，更是近代汉语语料的渊薮，对于推究古今汉语演变之轨迹，考索宋元白话之源流，有不可替代的重大价值。……这些文献的发现，为汉语的研究注入了新的活力，孕育或推动了近代汉语、俗语词研究等一些新兴学科的诞生和发展。蒋礼鸿先生的名著《敦煌变文字义通释》就是以敦煌变文为对象的近代汉语语词考释方面的一部经典之作，受到学术界的高度推崇，被誉为‘研究中国通俗小说的指路明灯’。在蒋先生的影响下，一些中青年学者也加入到敦煌语词考释的队伍中来，如郭在贻先生的《郭在贻敦煌学论集》，以及他和他的弟子张涌泉、黄征先生合著的《敦煌变文集校议》，项楚先生的《敦煌变文选注》、《敦煌文学丛考》、《王梵志诗校注》、《敦煌歌辞总编匡补》。近代汉语研究、俗语词考释已成为当今汉语研究中的显学，受到海内外学术界的关注和重视，而这在很大程度上是与敦煌文献的发现分不开的。”“从更微观的角度而言，借助于敦煌文献资料，许多宋元以后白话词语的来源得到了正确的说明，一些长期困扰学术界的难题得到了破解，不少相沿已久的错误得到了匡正。”① 敦煌文献的重要性非常明显。我们今后从事敦煌研究，在方法上要注意以下几点：

1. 对敦煌文献中的讹字、俗字、通假字要作深入考证

敦煌俗文学作品作为出土文献，较之传世文献有更强的可靠性和可操作性。正如日本学者太田辰夫先生曾经在他的专著《中国语历史文法》一书的“跋”《尽信书不如无书》中所说，中国文献分为传世文献和出土文献，而其中大多数是传世文献，这对汉语史研究是不利的。敦煌文献正好弥补了传世文献的不足和

① 张涌泉：《从语言文字的角度看敦煌文献的价值》，《中国社会科学》2001 年第 2 期。

局限。

由于敦煌文献几乎都是手抄本，充斥了各种各样的讹字、俗字和通假字以及书写符号，因此，如果不首先解决识字的问题，作进一步的研究也就无从谈起。清代学者戴震在《与是仲明论学书》中说："经之至者道也，所以明道者其词也，所以成词者字也。由字以通其词，由词以通其道，必有渐。"① 他这一番话虽然说的是读经，但是用在敦煌文献的解读方面，也是完全适用的。但是，如果所引用的敦煌文献全都是别人校录的资料而自己不去复查原卷，那么这样的研究材料往往会不准确。因为抄本讹误满纸，一不小心就会搞错。郭在贻先生在进行变文校勘时就特别注意俗字，"敦煌变文是以写本的形式流传下来的俗文学，其间保存的俗字资料至为繁富。……以前的一些学者，虽然也意识到变文写本'俗写别字不一而足'（《敦煌变文集引言》语），但他们对这种俗写别字似乎并没有下过认真的钻研功夫，因而造成了不少缺憾"②。当代致力于俗字研究的学者有张涌泉、黄征、曾良、郑贤章等先生，均有专著面世。

以曾良先生的《敦煌文献字义通释》为例。该书在识字方面就特别注意核查原卷。该书前言中说，"本书引用时贤的敦煌文献校录本，一般都经过与敦煌原卷核对"，这样就保证了材料的可靠性。但是，仅此还是不够的。能不能识读这些讹字、俗字，还得看研究者本人的学识水平。该书在这一方面做得很好。例如，"邪店"条指出，"邪店"即邸店，如《大佛名十六卷略出忏悔》："因公托私，夺人邪店，及以田野，如是等罪，今悉忏悔。""邪"是"邸"的俗讹。该书还进一步指出，敦煌写卷中

① 戴震：《戴震全集》，清华大学出版社1997年版，卷五，第2587页。

② 郭在贻：《变文校勘与俗字研究》，载《郭在贻敦煌学论集》，江西人民出版社1993年版。

"氐"旁往往写作"互"，然后通过大量语料归纳出其演变过程是：邸→邷→邪（31页）。又如"各、答"条指出，"各、答"为"咎"之讹，并指出，"咎"字俗作"各"，形似"各"字而手书误抄（46页）。"犻"条指出，"犻"是"朸"之讹；又指出，敦煌文献中"木"旁常手书成"扌"旁，而"牜"旁为"扌"之带笔（91~92页）。这是讹字的例子。俗字的例子更多，这里也举几条。如"凡、杋"条指出，"凡"、"杋"为"几"的俗字，乃"几案"之义，并指出，敦煌写卷中往往会在"几"字中间多点一点，变成"凡"；而"凡是"的"凡"敦煌写卷多作"几"（61~62页）。"犛"条指出，"犛"是"氂"之俗，今作"牦"（104~105页）。"几坏"条指出，"几坏"即"瓦坯"，并指出，"几"是"瓦"之俗，敦煌卷子中习见；"坏"为土坯，或作"坯"。"瓦坯"，佛教喻人身不坚牢。有不少学者将《王梵志诗》中的"危身不自在，犹如脆几坏"后二字校为"風壞"，是不对的，"壞"字在敦煌卷子中很少有写作"坏"的（151页）。在通假字方面，该书指出"便"通"辨"（15页）；"博势修生"即"博士书生"之音借（17页）；"判"通"番"（115页），等等。总之，该敦煌写卷中类似这样的例子比比皆是，说明作者非常注意识读讹字、俗字、通假字，而这正是解读敦煌文献的基础。

2. 应与佛典文献词汇研究相结合

"敦煌文献抄写年代所涵盖的公元四世纪到十世纪，正是佛教从印度、中亚向中国传播，并且生根、发芽、开花、结果的时代。处在中国文化圈内而又最靠近西域的敦煌，由于特殊的地理位置和历史条件，保存了藏经洞这样一座既有西北地区特色又有浓厚中原影响的佛教文库，为我们审视和研究中古时期中国佛教的历史提供了丰富的素材。"① 正因为敦煌文化深受佛教影响，所以在敦煌俗文学作品中充斥了大量的佛教词语。对这些佛教词语不能作出确诂，就不可能获得对这些俗文学作品词语的全面认识。陈秀兰在《敦煌变文词汇研究》第一章中说道："……变文中有一些佛教词语，它们不仅出现在敷演佛教经典的变文中，也出现在讲唱历史故事、民间传说、当时当地人物事件人物故事的变文中。"② 敏春芳的《敦煌愿文词汇研究》中就有专节论述"愿文词汇中的佛教口语词"和"出自佛教典籍的成语"。

又如，项楚先生的《敦煌变文选注》、《王梵志诗校注》、《敦煌歌辞总编匡补》等著作就大量采用佛典文献中的用例进行词语考释。试以非佛教题材的《敦煌变文选注·齖䶗书一卷》中的词语为例："若说轩（揎）裙拨尾，直是世间无比。斗乱亲情，欺邻逐里。"其中"斗乱"一词，项楚先生释曰：

斗乱：挑拨离间，引起斗争。《无量寿经》卷下："欲杀真人，斗乱众僧。"《旧唐书·吐蕃传上》："又缘年小，枉被边将谗構斗乱。"《根本说一切有部毘奈耶》卷二六："是时善牙问善髆曰：'谁复相告，云我有心，欲行杀害？'善髆答曰：'此老野干。'善髆于时亦问善牙曰：'谁复相告，云我有心，欲行杀害？'善牙答曰：'此老野干。'善牙报曰：'由此恶物，斗乱两边，令我亲知，几欲相杀。'"③

又如，《王梵志诗校注·借贷不交通》："借贷不交通，有酒深藏着。""藏着"一词，看似普通，项楚先生注释说：

藏着，藏匿。《变文集·捉季布传文》："藏着君来忧性命，送君又道灭一门。"亦写作"藏著"，《杂譬喻经》卷下："妇往

① 荣新江：《敦煌学十八讲》，北京大学出版社2001年版，第246～247页。

② 陈秀兰：《敦煌变文词汇研究》，四川民族出版社2002年版，第4页。

③ 项楚：《敦煌变文选注》，巴蜀书社1990年版，第791页。

开瓫，自见身影在此瓫中，谓更有女人，大恚，还语夫曰：'汝自有妇，藏著瓫中，复迎我何为？'"《众经撰杂譬喻》卷上："外国有一人治生，得金银数千斤，意甚重之，欲藏著地中，恐蝼蛄虫鼠而侵盗之；欲藏著草泽中，复恐狐狸野兽取之。"《搜神记》卷十七："汝取官若干百斛谷，藏著某处。"秦韬玉《吹笙歌》："岐山取得娇凤雏，管中藏著轻轻语。"①

在这条注释中，采用了变文、佛经与中土文献材料。由此亦可见各种文献的采用相得益彰。又如，敦煌变文《伍子胥变文》："唤言伍胥勿怀疑，遂即抱石投河死。子胥回头聊长望，怜念女子怀惆怅。遥见抱石透河亡，不觉失声称冤枉。"《盂兰盆经讲经文》："时饷之间不得见，恛惶惆怅似汤煎。""惆怅"之义，我们可以联系佛典文献来看：

旧题后汉支娄迦谶译《佛说无量清净平等觉经》卷三："世间忿忿，无可聊奈，尊卑上下，豪贵贫富，男女大小，各自忿务，勤苦躬身，各怀杀毒，恶气窈冥，莫不惆怅。"

吴支谦译《佛说太子瑞应本起经》："于是白马屈膝舐足，泪如连珠。车匿悲泣，随路而啼，顾视太子，已被鹿皮衣，变服去矣。车匿步牵马还宫都，中外莫不惆怅。瞿夷啼哭，自投殿下，曰：我望太子，如渴欲饮，汝今与马返［反］独空归！"

另有他例，不赘录。通过考证我们知道，这些用例中的"惆怅"是"痛恨、痛苦"之义，而非通常所谓的"失意、忧闷"之义。②

3. 应从汉语词汇史的角度进行研究

蒋礼鸿先生曾经说过："变文是唐五代间的民间文学，其中保存有不少当时口语的材料。有些材料，可以和同时代的敦煌其

① 项楚：《王梵志诗校注》，上海古籍出版社1991年版，第89页。
② 该条考释详参曾昭聪：《中古佛经释词四则》，《语言研究》2003年第3期。

他文字，如曲子词以及诗、词、笔记等相印证；有些可以和汉魏六朝及宋元的材料相联系。”[①]《敦煌变文字义通释》一书指出：“运用历史发展的观点研究语言现象，它并不满足于对变文中的疑难词语作孤立的、静态的诠释解，还力求找出它们的来龙去脉，进而把语词的断代研究纳入词汇史和语言学史范畴。……为汉语词汇史研究提供了丰富的材料。”[②]

例如，“垂”字条，《敦煌变文字义通释》释为“伸展”，先列变文用例，如《破魔变文》：“于是世尊垂金色臂，指魔女身，三个一时化作老母。”又举《丑女缘起》、《佛说阿弥陀经讲经文》、《降魔变文》等例。之后，引同时代文献参证：王维《河南严尹弟见宿弊庐访别人赋十韵诗》：“拂衣迎五马，垂手凭双童。”《太平广记》卷四五八：“甲令舁宰来，垂足，叱蛇收其毒。”然后又引更早文献用例以证明这一词义渊源来自《庄子》：“于是无人遂登高山，履危石，临百仞之渊，背逡巡，足二分垂在外，揖御寇而进之。”又引《汉书》与《史记》例。[③] 这样，就揭示了“垂”的伸展义的来龙去脉。

又如，《叶净能诗》中有“令身与妻子，即合永为奴，以谢恩私”语。《通释》解释“恩私（私）犹如说恩惠、恩德、恩恤”。蒋先生论述说：“‘恩私’在唐人是习用的语词，见于孔颖达《礼记·郊特牲》疏，杜甫《北征》诗‘顾惭恩私被，诏许归蓬荜’，韩愈《泷吏》诗‘不即金木诛，敢不识恩私’，袁郊《红线传》所载田承嗣给薛嵩的信‘某之首领，系在恩私。便宜知过自新，不复更贻伊戚’等处，都应该照上面那样解释。古代‘私’字有恩、爱、恤等义（当然是‘公私’的‘私’的引申

① 蒋礼鸿：《敦煌变文字义通释》，上海古籍出版社 1988 年版，序目第 2 页。

② 郭在贻：《训诂丛稿·读新版〈敦煌变文字义通释〉》，载《郭在贻文集》，中华书局 2002 年版，第一卷，第 135 页。

③ 蒋礼鸿：《敦煌变文字义通释》，上海古籍出版社 1988 年版，第 144 ~ 145 页。

义）……”① 然后又举了从《后汉书》到《旧唐书》大量的史书例，并加上宋代其他文献用例，有力地证明了“恩私”的词义。虽是以词义考释为主，但上溯下连，把词义的来龙去脉说得很清楚，同样也是属于词汇史的研究。

4. 对学界研究已经较多的文献，还可进一步研究；同时更要善于发现新的文献材料

有些材料，学界研究较多，似乎已无发展的余地。但实际上学无止境，只有集中学界尽可能多的力量，才能将某项研究做得尽善尽美。例如，敦煌变文的研究，自从《敦煌变文校注》出版后，虽然相关的研究比较少，但也不是没有，黄征先生本人就有相关研究论文。这说明变文研究仍可继续深入。王继如先生撰有《敦煌变文研究尚有可为》一文，指出敦煌变文的研究还可在四个方面进一步深化。该文第四个方面是“变文习语的解说尚待继续”。举有两条例证，其一，“不方、不妨、无妨”，蒋礼鸿先生的《敦煌变文字义通释》释为“也是甚辞，‘很’的意思”。《敦煌变文校注》承用。王继如先生则以为应为“认定、应当”之义。其二，《维摩诘经讲经文》：“远看时意散心惊，近睹者魂飞目断。”“目断”一词，《敦煌变文校注》无注。但有的研究者以为是“魄断”之误。王继如先生经研究，发现《全唐诗》中“目断”出现45例，大多为“远望”之义，但也有两例可与“近睹者魂飞目断”相印证，“目断”应为“惊奇”之义。② 此外，相关研究有方一新先生的《近年来国内敦煌语词校释研究专著四种述评》，武建宇先生的《敦煌变文校读偶读》、《〈庐山远公话〉校记三则》，周掌胜先生的《〈敦煌变文校注〉献疑》，赵家栋、

① 蒋礼鸿：《敦煌变文字义通释》，上海古籍出版社1988年版，第294～297页。
② 王继如：《敦煌变文研究尚有可为》，《汉语史学报》第三辑，上海教育出版社2003年版。

付义琴先生的《〈敦煌变文校注〉识读语词散记》等[①]，都说明敦煌变文研究确实尚有可为。变文如此，其他文献也莫不如此。

另一方面，也要善于发现新的材料。蒋礼鸿先生说："以前人们提到敦煌俗文学，大抵知道敦煌词、变文，然后是王梵志诗，不知道什么是敦煌愿文、敦煌愿文有哪些内容。当我们的研究材料局限在《敦煌变文集》等早期校录的老本子上时，我们研究的速度就会逐渐变慢；而当我们获得一批新材料的时候，就会给这方面的研究带来新的生机，掀起新的研究热潮。"[②] 郭在贻先生也说："学术研究，应善于开拓新领域，发现新课题，不要老是在前人所走过的道路上徘徊顾瞻。"[③] 当然，不仅敦煌文献词汇研究是这样，其他研究领域也莫不如此。要发现新的材料，就要有广博的知识面，像董志翘先生就撰有《敦煌社会经济文献词语略考》、《敦煌社会经济文书词汇语法札记》[④]，黑维强先生主持了2004年度国家社科基金项目"敦煌社会经济文献词汇研究"。

又如，张小艳先生《敦煌书仪语言研究》的选材就独具匠心。所谓书仪，"是礼经的通俗形式，是关于典礼仪注和书札体式的范本。史籍记录的五代以前的书仪已基本失传，敦煌石室遗书中保存了一百余件书仪写本，许多未见于传世文献。敦煌书仪在书札发展史上前承汉魏六朝，后启宋元明清，其中的语汇既承袭了魏晋书帖的遗风，又创立了宋元尺牍的新范，在书札用语的

---

① 方一新：《近年来国内敦煌语词校释研究专著四种述评》，《徐州师范大学学报》2000年第2期。武建宇：《敦煌变文校读偶读》，《敦煌研究》2003年第1期；《〈庐山远公话〉校记三则》，《敦煌研究》2003年第2期。周掌胜：《〈敦煌变文校注〉献疑》，《语言科学》2007年第2期。赵家栋、付义琴：《〈敦煌变文校注〉识读语词散记》，《中国语文》2008年第3期。

② 蒋礼鸿：《黄征、吴伟〈敦煌愿文集〉序》，岳麓书社1995年版。

③ 郭在贻：《旻盦文存下编·函札存稿》，载《郭在贻文集》，中华书局2002年版，第四卷，第93页。

④ 董志翘：《敦煌社会经济文献词语略考》，《语文研究》2002年第3期；《敦煌社会经济文书词汇语法札记》，《古汉语研究》2009年第1期。

研究上具有非常宝贵的价值。”① 该书“从语言的角度对这部分珍贵文献作了全方位的、系统深入的研究，选题具有填补空白的学术意义”②。此外，如《敦煌禅宗文献研究》、《〈敦煌社会经济文献真跡释录〉研究》、《敦煌文献名物研究》、《敦煌文献避讳研究》等③，都是很好的选题。

★推荐阅读书目

陈明娥：《敦煌变文词汇计量研究》，百花洲文艺出版社 2006 年版。

陈秀兰：《敦煌变文词汇研究》，四川民族出版社 2002 年版。

郭在贻、张涌泉、黄征：《敦煌变文集校议》，岳麓书社 1990 年版。

郭在贻：《郭在贻敦煌学论集》，江西人民出版社 1993 年版。

黄征、吴伟：《敦煌愿文集》，岳麓书社 1995 年版。

黄征、张涌泉：《敦煌变文校注》，中华书局 1997 年版。

黄征：《敦煌语言文字学研究》，甘肃教育出版社 2002 年版。

黄征：《敦煌俗字典》，上海教育出版社 2005 年版。

黄征：《敦煌语言文字学论丛》，韩国首尔出版社 2006 年版。

蒋冀骋：《敦煌文书校读研究》，台湾文津出版社 1993 年版。

蒋礼鸿主编：《敦煌文献语言词典》，杭州大学出版社 1994 年版。

蒋礼鸿：《敦煌变文字义通释》（增补定本），上海古籍出版社 1997 年版。

---

① 张小艳：《敦煌书仪语言研究》内容提要，浙江大学 2004 年博士学位论文。

② 王锳：《张小艳〈敦煌书仪语言研究〉序》，商务印书馆 2007 年版。

③ 蒋宗福《敦煌禅宗文献研究》、吴蕴慧《〈敦煌社会经济文献真跡释录〉研究》、杜朝晖《敦煌文献名物研究》、窦怀永《敦煌文献避讳研究》，分别为四川大学 2003 年、苏州大学 2006 年、浙江大学 2007 年、浙江大学 2007 年博士学位论文。

荣新江:《敦煌学十八讲》,北京大学出版社 2001 年版。

王继如:《敦煌问学丛稿》,江苏古籍出版社 2001 年版。

王启涛:《中古近代法制文书语言研究——以敦煌文书为中心》,巴蜀书社 2003 年版。

王启涛:《吐鲁番出土文书词语考释》,巴蜀书社 2005 年版。

项楚:《王梵志诗校注》,上海古籍出版社 1991 年版。

项楚:《敦煌歌辞总编匡补》,巴蜀书社 2000 年版。

项楚:《敦煌变文选注》(增订本),中华书局 2006 年版。

叶贵良:《敦煌道经写本与词汇研究》,巴蜀书社 2007 年版。

曾良:《〈敦煌歌辞总编〉校读研究》,台湾佛光山文教基金会 2003 年版。

曾良:《敦煌文献字义通释》,厦门大学出版社 2001 年版。

曾良:《俗字及古籍文字通例研究》,百花洲文艺出版社 2006 年版。

曾良:《隋唐出土墓志文字研究及整理》,齐鲁书社 2007 年版。

张小艳:《敦煌书仪语言研究》,商务印书馆 2007 年版。

张涌泉:《汉语俗字研究》,岳麓书社 1995 年版。

张涌泉:《敦煌俗字研究》,上海教育出版社 1996 年版。

张涌泉:《汉语俗字丛考》,中华书局 2000 年版。

郑贤章:《龙龛手镜研究》,湖南师范大学出版社 2004 年版。

郑贤章:《〈新集藏经音义随函录〉研究》,湖南师范大学出版社 2007 年版。

北京大学主办:《唐研究》,学术集刊。

敦煌研究院主办:《敦煌研究》,学术期刊。

兰州大学主办:《敦煌学辑刊》,学术期刊。

南京师范大学主办:《敦煌学研究》,学术期刊。

台湾敦煌学会主办:《敦煌学》,学术集刊。

中国敦煌吐鲁番学会主办:《敦煌吐鲁番研究》,学术集刊。

第五章　常用词演变研究

第一节　常用词演变研究的已有成果

王力先生、张永言先生、蒋绍愚先生等一直提倡汉语常用词研究。但是，直到最近十多年，汉语常用词演变研究才成为一项新兴的汉语词汇史的专题研究。江蓝生先生说道："汉语史研究有两项基础性的工作必须做。一项是有计划、有选择地开展各代的专书研究，全面考察、描写其中的语言现象。……另一项是系统开展词汇史尤其是常用词演变史的研究。词汇史的研究跟语音史和语法史相比最为薄弱，最近20年的词汇研究侧重于对疑难词的考释，而对常用词、对某一历史时期词汇系统的研究则很少着力。"① 张永言、汪维辉先生的《关于汉语词汇史研究的一点思考》一文指出："不对常用词作史的研究，就无从窥见一个时期的词汇的面貌，也无从阐明不同时期之间词汇的发展变化，无从为词汇史分期提供科学的依据。"② 如果从这篇论文算起，江蓝生先生所说的"很少着力"这一情况已经得到了很大的改观。十多年里，已经出现了一大批汉语常用词研究的论著。

关于常用词研究主要有四部专著，即李宗江先生的《汉语常

---

① 江蓝生：《汪维辉〈东汉—隋常用词演变研究〉序》，南京大学出版社2000年版，第1页。

② 张永言、汪维辉：《关于汉语词汇史研究的一点思考》，《中国语文》1995年第6期。

用词演变研究》[①]、汪维辉先生的《东汉—隋常用词演变研究》[②]、丁喜霞先生的《中古常用并列双音词的成词和演变研究》[③]、谭代龙先生的《义净译经身体运动概念场词汇系统及其演变研究》[④]。其中，李著作为常用词演变研究的专著，出版最早，有开创之功。汪著则影响最大，它“讨论了先秦两汉魏晋南北朝时期产生又流传至今的部分常用词的更替演变，既提供了进行这一难度很大的研究工作的范例，又清晰地呈现出东汉至隋阶段常用词演变的基本面貌，为‘中古汉语’这一汉语史分期主张提供了新的科学依据”[⑤]。丁著则认为，如果对常用词的研究只集中于单音词的替换研究，就难以了解汉语词汇由单音词为主过渡到以双音词为主的演变过程，难以全面描写汉语词汇的发展历史；由于中古时期是汉语词汇复音化的重要阶段，而在汉语词汇双音化的过程中，并列双音词占绝大部分，故该书以中古时期成词的常用并列双音词为主要研究对象，在典型个案描写的基础上，探讨常用双音词成词的途径、演变的机制和规律，并对现有的相关理论进行商补。该书呼吁加强对常用双音词的成词和演变的研究，加强对常用双音词的同义形式在历史发展过程中发生的历时替换的研究，也是很有独创性的。谭著以唐代高僧义净译经为研究语料，以其中指称身体运动概念的相关词汇为研究对象，目的在于获得初唐时期该类词汇的面貌和系统属性，并对反映出来的规律性现象加以理论概括。该书首先描写这类词在义净译经中的分布情况，进而探求各个成员及其系统属性的历史来源和演变历程。

---

① 李宗江：《汉语常用词演变研究》，汉语大词典出版社 1999 年版。

② 汪维辉：《东汉—隋常用词演变研究》，南京大学出版社 2000 年版。

③ 丁喜霞：《中古常用并列双音词的成词和演变研究》，语文出版社 2006 年版。

④ 谭代龙：《义净译经身体运动概念场词汇系统及其演变研究》，语文出版社 2008 年版。

⑤ 王云路、方一新：《汉语史研究领域的新拓展——评汪维辉〈东汉—隋常用词演变研究〉》，《中国语文》2002 年第 2 期。

相关论文主要有：

李宗江先生的《“进”对“入”的历时替换》一文认为，动词“进”和“入”的主要意义是表示“从外向内运动”，与“出”相对。在这个意义上二者是趋向动词，存在历时替换关系。现代汉语口语中只用“进”，“入”已消失。该文讨论“进”的来源及其对“入”的历时替换过程以及与此相关的一些问题。①该文发表以后，董志翘先生《再论“进”对“入”的历时替换——与李宗江先生商榷》、汪维辉先生《汉魏六朝“进”字使用情况考察——对〈“进”对“入”的历时替换〉一文的几点补正》对其进行了商榷讨论。②

汪维辉先生的《常用词历时更替札记》考察了三组常用词在隋以前的演变情况：求、索/寻、觅，瘠（膌）/癯（臞）、瘦（膄），广、阔/宽。另外，汪维辉先生还有多篇常用词研究的论文，如《几组常用词历史演变的考察》。③

陈秀兰先生的《敦煌变文与汉语常用词演变研究》，利用汉文佛典、敦煌变文、唐代笔记小说，探讨了两组常用词的演变情况，旨在说明敦煌变文对汉语词汇史研究的价值。④

崔宰荣先生的《汉语“吃喝”语义场的历史演变》，对跟“吃喝”有关的词从常用词演变的角度进行了考察。⑤

牛太清先生的《常用词“隅”“角”历时更替考》一文认为

---

① 李宗江：《“进”对“入”的历时替换》，《中国语文》1997年第3期。

② 董志翘：《再论“进”对“入”的历时替换——与李宗江先生商榷》，《中国语文》1998年第2期。汪维辉《汉魏六朝“进”字使用情况考察——对〈“进”对“入”的历时替换〉一文的几点补正》，《南京大学学报》2001年第2期。

③ 汪维辉：《常用词历时更替札记》，《语言研究》1998年第2期；《几组常用词历史演变的考察》，《汉语史研究集刊》第一辑，巴蜀书社1998年版。

④ 陈秀兰：《敦煌变文与汉语常用词演变研究》，《古汉语研究》2001年第3期。

⑤ 崔宰荣：《汉语“吃喝”语义场的历史演变》，《语言学论丛》第二十四辑，商务印书馆2001年版。

表示“角落”这一意义，上古主要用“隅”，现代汉语普通话用“角”，二者存在着历时更替关系。作者以先秦到南北朝的部分典籍为语料，对其中“隅”、“角”的应用情况进行了统计。①

汪维辉先生的《汉语“说类词”的历时演变与共时分布》一文说道，“说类词”是言说动词语义场中的上位词，它的语义是“用言语表达意思”，主要用法有七类。现代汉语方言的“说类词”主要有三个：北方话的“说”、南方方言的“话”和中部方言的“讲”。作为“说类词”，它们的确立都是近代汉语阶段的事：“话”约形成于唐代；“说”约定型于唐宋之际；“讲”在历史文献中只能追溯到元代，它的产生时间和扩散过程还有待进一步研究。②

史光辉先生的《常用词“焚、燔、烧”历时替换考》，考察了“焚、燔、烧”的历时更替情况，认为先秦一般用“焚、燔”，总体上看来，以“焚”字最为常见。秦至东汉末期，“焚、烧、燔”常常在同一位置交替出现，呈现出混用的局面；到了汉末，“烧”有取代“焚、燔”的趋势。东汉三国的汉译佛经中，“烧”对“焚、燔”的替代已完成。魏晋以后的中土文献情况与佛经不同，魏晋以后的中土文献中，“焚”和“烧”有一个长期共存的阶段。由此亦可见早期汉译佛经在汉语词汇史研究方面的重要价值。作者另有《常用词“矢、箭”的历时替换考》等其他相关论文。③

陈秀兰先生的《从常用词看魏晋南北朝文与汉文佛典语言的

---

① 牛太清：《常用词“隅”“角”历时更替考》，《中国语文》2003 年第 2 期。

② 汪维辉：《汉语“说类词”的历时演变与共时分布》，《中国语文》2003 年第 4 期。

③ 史光辉：《常用词“焚、燔、烧”历时替换考》，《古汉语研究》2004 年第 1 期；《常用词“矢、箭”的历时替换考》，《汉语史学报》第四辑，上海教育出版社 2004 年版。

差异》，调查了几组常用词在魏晋南北朝文与同期汉文佛典中的使用情况，了解了两种文献在使用常用词方面存在的差异，探讨了产生差异的原因。①

徐时仪先生的《玄应〈众经音义〉所释常用词考》，就唐释玄应所撰《众经音义》中的“打、歙、枪、着”四个常用词的衍变递嬗作了探讨。②

魏慧萍先生的《汉语常用词词义传承发展的社会历史因素探析》一文认为，常用词词义的传承发展与社会历史的发展关系密切。社会体制的确立、更迭、沿革对汉语常用词词义有重要影响；历史事件给汉语常用词词义留下了深刻的印痕；人们的生活习俗赋予汉语常用词词义浓郁的民俗气息和时代特色。③

王彤伟先生的《常用词“疾”、“病”的历时替代》一文认为，从战国中晚期开始，在“疾病、生病”义上，“病”渐显替代“疾”的趋势。汉初的使用中，“病”已略占优势，在《史记》、《汉书》、《论衡》等巨著的影响下，这种优势日渐成为强势。“病”已经成为汉代的今语、通语，对口语性较强的汉译佛经的统计分析恰恰如此。东汉以后的口语中，在表示“疾病、生病”之义时，已基本不用“疾”而用“病”。又《常用词“焚”、“烧”的历时替代》认为，在战国中晚期以前，文献中主要用“焚”而不用“烧”。“烧”自战国中晚期出现以后，其使用频率、使用范围和语法功能不断增强，到汉初已与“焚”在使用上平分秋色，到《史记》时代“烧”已一跃而大大超过了“焚”，尽管在中土书面文献中，东汉以后“焚”的使用仍很频繁，有时

① 陈秀兰：《从常用词看魏晋南北朝文与汉文佛典语言的差异》，《古汉语研究》2004年第1期。

② 徐时仪：《玄应〈众经音义〉所释常用词考》，《语言研究》2004年第4期。

③ 魏慧萍：《汉语常用词词义传承发展的社会历史因素探析》，《河北大学学报》2005年第1期。

甚至超过了“烧”，但这主要是出于文人的仿古。结合《说文解字》等书以及口语色彩较强的翻译佛经来看，应该说到东汉以后，尤其是南北朝时期的口语中，在表示“焚烧”之义时，“烧”已经代替了“焚”。①

栗学英先生的《汉语史中“肥”、“胖”的历时替换》认为，汉语词汇史中表示人“肥胖”的词语，经历了由“肥”到“胖”的转变。其中“肥”使用的历史最久，范围最广，构词能力较强；“胖”在上古时期主要表示安适、舒坦，金末元初产生“肥胖”义。由于语言表达的日渐精细化，明代前期“胖”与“肥”的使用逐步分化，在北方方言中“胖”最终取代“肥”成为现代汉语中形容人肥胖的主要词语。②

杨荣贤先生的《基本词“背”对“负”的历时替换》一文认为，表示“用脊背驮”义的词先后用“负”和“背”，二者存在历时替换关系。“背”始见于中晚唐时期并经过宋代进一步发展达到成熟。至迟到元末，“背”已在口语中全面替换“负”而成为“背负语义场”的核心词。随着词义的不断发展，“负”在表达本义上缺乏足够的明晰性，同时，其词义重心逐渐偏移，这些因素都为新词的产生并在这一义位上取而代之提供了条件。又杨荣贤先生撰有博士论文《汉语六组关涉肢体的基本动词发展史研究》专门论述六组关涉肢体的基本动词的演变。③

吕传峰先生的《汉语六组“涉口”基本词演变研究》，对六

---

① 王彤伟：《常用词“疾”、“病”的历时替代》，《北方论丛》2005 年第 2 期；《常用词“焚”、“烧”的历时替代》，《重庆师范大学学报》2005 年第 5 期。

② 栗学英：《汉语史中“肥”、“胖”的历时替换》，《语言研究》2006 年第 4 期。

③ 杨荣贤：《基本词“背”对“负”的历时替换》，《语言科学》2006 年第 5 期；《汉语六组关涉肢体的基本动词发展史研究》，南京大学 2006 年博士学位论文。

组牵涉到“口”的基本词的演变作了研究。①

王秀玲先生的《常用词“呼”、“唤”、“叫”、“喊”的历时演变与更替》，对常用词“呼”、“唤”、“叫”、“喊”的演变问题作了研究。②

金颖先生的《常用词“过”、“误”、“错”的历时演变与更替》一文通过对汉语中表“错误”义的词的考察，观察了它们由古至今的演变过程，认为“错误”义在先秦两汉时期主要由“过”来表达；魏晋南北朝时期主要由“误”来表达；唐代中期以后，“错”发展成熟，取代“误”的主导地位，沿用至今。③

杨继光先生的《中古佛经常用词组合关系考察》，通过《大正藏》的语料考察了几个中古佛经常用词的组合关系，揭示了中古佛经在汉语词汇史方面的研究价值。④

于飞先生的《两汉常用词研究》，以两汉语料为基础，对两汉时期有代表性的常用词的演变作了详细的描写与分析。该文立足于常用词发展变化的角度，对常用词的演变类型、两汉语言的分期等问题进行了从实践到理论的阐释和探讨，并对古汉语常用词研究的发展提出了自己的看法。⑤

李福唐先生的《近代汉语常用词锅、镬考》一文注意到前人时贤虽观察到汉语历史上存在“锅”替换了“镬”等词的现象，但未说明其替换的具体时期与过程；该文通过对近代汉语中“锅”、“镬”二词使用情况的考察，梳理汉语史上这组常用词演

① 吕传峰：《汉语六组“涉口”基本词演变研究》，南京大学2006年博士学位论文。

② 王秀玲：《常用词“呼”、“唤”、“叫”、“喊”的历时演变与更替》，载《汉语史研究集刊》第九辑，巴蜀书社2006年版。

③ 金颖：《常用词“过”、“误”、“错”的历时演变与更替》，《古汉语研究》2008年第1期。

④ 杨继光：《中古佛经常用词组合关系考察》，《集美大学学报》2008年第2期。

⑤ 于飞：《两汉常用词研究》，吉林大学2008年博士学位论文。

变的轨迹，推测“锅”基本替换“镬”等词的具体时期应为元代。①

以上述及的论著只是有关常用词演变研究中的一些代表性论著，不是全部研究成果。尽管其中的一些论断或可继续讨论，但都在常用词演变研究方面作出了可喜的成绩。正如汪维辉先生所说的，“研究范围不断拓展，由断代到通史，由实词到虚词，由单音词到复音词；研究逐步向纵深推进，由注重事实描写到描写与解释相结合，由单纯的历时演变研究到历时演变与共时分布相结合，由单个词研究到语义场研究；相关的理论探讨也有所加强”②。

第二节 常用词演变研究的方法

汉语常用词研究在方法上有什么需要注意的？王云路先生的《中古常用词研究漫谈》探讨了中古常用词研究中的一些问题，包括常用词的基本范围和特色、中古常用词研究的历史和现状、研究的意义和价值、研究的基本内容等。③ 该文对我们拓宽常用词研究的内容有重要的指导意义。

汪维辉先生的《汉语常用词演变研究的若干问题》对《关于汉语词汇史研究的一点思考》发表之后近十年来汉语常用词演变的研究作了初步总结，并就相关问题提出看法，共讨论了 7 个问题：①研究现状；②研究对象；③研究意义与目标；④工作程序

① 李福唐：《近代汉语常用词锅、镬考》，《理论界》2009 年第 2 期。

② 汪维辉：《汉语常用词演变研究的若干问题》，《南开语言学刊》2007 年第 1 期。

③ 王云路：《中古常用词研究漫谈》，载《中古近代汉语研究》第一辑，上海教育出版社 2000 年版。

与规范；⑤描写与解释；⑥新理论、新方法的运用；⑦需要具备的基本素养。[①] 这篇论文不但从理论上作了一些思考，而且以具体例证说明了当今常用词研究所存在的问题，对从事常用词演变研究的学者非常重要，不可不读。

另外，聂志军的《汉语常用词研究方法浅论》[②] 亦可参考。

除此之外，我们还需注意，常用词的演变研究不能仅限于对常用词的历时替换作出一定程度的描述，而要与相关的词汇问题相结合。例如：

1. 汉语常用词研究可以与词的搭配问题相结合进行研究

蒋绍愚先生说："词的组合关系，简单地说，就是词的搭配关系。词的组合关系的历史变化，主要表现在以下两个方面：①同一个词，词义基本不变，但在不同的历史时期组合关系有所不同。……②在某一时期的语言平面中，既有继承前一时期的旧词和旧语法成分，又有新产生的新词和新语法成分，新旧的组合关系往往不同。"[③] 所谓"新旧的组合关系"，实际上是与常用词的演变密切相关的。他举了很多例子，比如，《祖堂集》有"视"又有"看"。"视"是旧的，"看"是新的。因此，《祖堂集》中有"看却"、"看取"、"看得"这样的说法，而"视"不能和这些新产生的动词词尾相结合。又如，"言"、"语"、"说"在唐五代时都可以表示"说话"这个动作，但当时口语中最活跃的是哪一个词？《祖堂集》中有"语犹未讫"、"言犹未讫"、"言讫"、"言已"、"早说了也"这样的用法；而且"说"有"说似"、"说向"、"说著"、"说得"、"说不得"这样的组合，而"言"和

---

① 汪维辉：《汉语常用词演变研究的若干问题》，《南开语言学刊》2007 年第 1 期。

② 聂志军：《汉语常用词研究方法浅论》，《河池学院学报》2007 年第 1 期。

③ 蒋绍愚：《关于汉语词汇系统及其发展变化的几点想法》，《中国语文》1989 年第 1 期。

"语"没有。蒋先生说:"可见'说'是当时口语中最活跃的。"

张诒三先生在论及"词语搭配变化研究的必要性"时说:"常用词演变研究解决词语之间的历时更替问题时,大量涉及词语在不同历史时期的搭配变化问题,但不是以研究词语搭配的历时变化为其主要目的。……他们在考察常用词演变时,有时从词语的搭配入手,通过词语搭配的变化来说明常用词的演变,如汪维辉先生在考察'著'对'衣'、'冠'、'服'的替换时,就揭示'著'所带的宾语很丰富,例如:著衣、著衣服、著新衣、著好衣……著绛纱袍、著麻襦布裳、著服、著内服……著铠、著皮铠、著铠仗、著小铠、著战衣木履、著好服饰、著金缕织成服饰……著新绢裙、著青布绔……著天冠、著帛冠……著小帽、著纱帽、著布帽……著袜。通过和'著'搭配的宾语有'衣'、'衣服'、'袍'、'裳'、'服'、'铠'、'木履'、'服饰'、'裙'、'绔'、'冠'、'帽'、'袜'来说明'著'在语言中已取代了'衣'、'服'、'冠'等词。但研究常用词演变的目的在于考察常用词的演变,而不是考察词语搭配的历时变化。""由此可见,尽管传统训诂学、汉语词汇史、古汉语词汇学、汉语语法史以及汉语常用词演变研究,都或多或少地涉及词语搭配的历时变化现象,但都没有对词语搭配的历时变化现象作专门的研究,随着训诂学、词汇史、语法史、常用词演变研究的不断深入,词语搭配的历时变化研究也越来越让人感觉到是必不可少的内容了。"①

2. 汉语常用词研究可以与语料的时代鉴别相结合

断代准确的语料本来是常用词研究的必备品,但反过来,如果对某些常用词的时代变化已有所把握(当然这也需要论证),我们也可以用它们来鉴别某些具有争议的语料的年代。裘锡圭先

① 张诒三:《词语搭配变化研究——以隋以前若干动词与名词的搭配变化为例》,齐鲁书社2005年版,第29~30页。

生曾经在与郭在贻先生论学时说道："'勿勿'是东晋人常用语，而南北朝晚期人即已不得其解。其实不但在用词上，就是在用字时，各个时代也都有各自的特点。"① 从各个时代的用词特点上可以考察语料的年代。

徐复先生的《从语言上推测〈孔雀东南飞〉一诗的写定年代》根据"兰家女"、"胜贵"、"尔尔"、"登时"、"不堪"、"逼迫"、"启"、"作计"、"处分"、"冥冥"、"承籍（当作承藉）"、"恨恨（当作悢悢）"、"其往（当作其住）"、"姥"、"新妇"、"阿母"、"君"、"卿"、"小子"、"郎君"、"下官"等词语使用的年代以及古韵、语法、避讳等情况，认为《孔雀东南飞》一诗应该是东晋时代所写的。②

又如，柳士镇先生的《从语言角度看〈齐民要术〉卷前〈杂说〉非贾氏所作》根据"盖磨"、量词"个"、量词"徧"等用法，认为《杂说》中出现了一些魏晋南北朝时期尚未产生的语言现象，从汉语史的角度来看，这只能说明《杂说》应当写成于这一时期之后。③

又如，江蓝生先生在《八卷本〈搜神记〉语言的时代》一文中从语言史的角度，依据语法和词汇上的一些现象，对八卷本《搜神记》语言的时代作了成功的鉴定，结论是："八卷本《搜神记》在语言上有很多反映唐五代以后特点的现象，肯定不是晋干宝所作，有可能出自晚唐五代或北宋人之手；在内容上，它跟敦

---

① 载《旻盦文存下编·友朋函札选录》，《郭在贻文集》，中华书局2002年版，第四卷，第354页。

② 徐复：《从语言上推测〈孔雀东南飞〉一诗的写定年代》，《学术月刊》1958年第2期；此据王云路、方一新编：《中古汉语研究》，商务印书馆2001年版，第1～15页。

③ 柳士镇：《从语言角度看〈齐民要术〉卷前〈杂说〉非贾氏所作》，《中国语文》1989年第2期；此据王云路、方一新编：《中古汉语研究》，商务印书馆2001年版，第16～26页。

煌本《搜神记》共同之处甚多，应是出自同一系统。”① 这一结论对于正确利用这份语料具有重要意义，已为学界所接受。江文赖以得出上述结论的是十个“鉴定词”。其中，语法方面的六个，词汇方面的四个，即遮莫、伍伯、关节和心口思维。这两方面的鉴定词，江先生认为价值是不一样的，她说：“与词汇相比，语法方面的现象更具有规律性、普遍性，因而也更可靠些；词汇方面，由于我们毕竟不能遍览群书，见闻难免漏阙，所以，词汇方面的现象难以与语法方面的同等对待，把它们作为参考鉴定词比较合适。”江先生的这一看法在现今具有一定的代表性。对此，汪维辉先生强调，词汇同样具有时代性，一个词或一个义项始见于何时，虽然难以说得绝对准确，但大体上是可以考定的。尤其是一些在历史上有过历时更替关系的常用词（包括语法研究中常说的同一个句式框架内的虚词兴替），它们的发展变化很有规律，时代性尤为明确。也就是说，表示同一个概念（或叫义位），不同的时代有时使用不同的词语，这些词语在词义和分布上有着历时对应关系，可以称之为“历时同义词”。因此，他在《从词汇史看八卷本〈搜神记〉语言的年代》一文中，从词汇角度对八卷本《搜神记》语言年代的确定提出了一些新的证据。例如，“阿娘（孃）”一词，见于八卷本《搜神记》：“阿娘可为儿嘱王，安儿于乐处，……昨日请阿娘咨告知，何却以为无凭也？”汪维辉先生说：“两处‘阿娘’在二十卷本《搜神记》均作‘母’，反映了同一个称谓的时代差别。在一般认为作于东晋的《孔雀东南飞》中，称母亲为‘阿母’，这应该是六朝人的口语称呼。《汉语大词典》‘阿孃’条释作‘母亲’，所引的例子有：《隋书·房陵王勇传》……‘阿娘’条‘母亲’义下所引的始见书证则是《敦煌变文集·目连缘起变文》……据目前所知，‘阿孃（娘）’

① 江蓝生：《八卷本〈搜神记〉语言的时代》，《中国语文》1987年第4期。

未见于隋以前文献，而在唐人著作中则多有用例……八卷本‘阿娘’字作‘娘’，反映的应是晚唐五代以后的书写特点。”① 这实际上就是通过常用词“阿母”、“阿娘（孃）”来进行研究的。又如，“阿婆”一词，亦见于八卷本《搜神记》：“其妻走出，告姑曰：‘阿婆儿夜来不知何故，变作一胡人，在新妇床上卧。’”勾道兴本作“阿家儿”。汪维辉先生论述：“‘阿婆’一词，唐以前已见，是‘祖母’义。用‘阿婆’称‘丈夫的母亲’，《汉语大词典》所引的始见书证是《敦煌变文集·秋胡变文》……这种‘阿婆’也见于勾道兴本《搜神记》……这个称呼可能自晚唐五代才开始行用，此前则称‘姑’或‘姥’，如《孔雀东南飞》称公婆为‘公姥’，韩愈《扶风郡夫人墓志铭》：‘夫人适年若干，入门而媪御皆喜，既馈而公姑交贺。’王建《新嫁娘词》：‘三日入厨下，洗手作羹汤。未谙姑食性，先遣小姑尝。’”② 这里也牵涉到“姑”、“姥”、“阿婆”的演变问题。另外，王锳先生也撰有《〈八卷本《搜神记》语言的时代〉补证》③ 一文，与汪文性质相同，亦可参阅。

★推荐阅读书目

丁喜霞：《中古常用并列双音词的成词和演变研究》，语文出版社 2006 年版。

方平权：《汉语词义探索》，岳麓书社 2006 年版。

蒋绍愚：《古汉语词汇纲要》，北京大学出版社 2005 年版。

---

① 汪维辉：《从词汇史看八卷本〈搜神记〉语言的年代》，原刊《汉语史研究集刊》第三、第四辑，巴蜀书社 2000、2001 年版；此据《汉语词汇史新探》，上海人民出版社 2007 年版，第 171～175 页。

② 汪维辉：《从词汇史看八卷本〈搜神记〉语言的年代》，载《汉语词汇史新探》，上海人民出版社 2007 年版，第 175 页。

③ 王锳：《〈八卷本《搜神记》语言的时代〉补证》，《中国语文》2006 年第 1 期。

赖积船：《〈论语〉与其汉魏注中的常用词比较研究》，巴蜀书社 2007 年版。

李宗江：《汉语常用词演变研究》，汉语大词典出版社 1999 年版。

潘允中：《汉语词汇史概要》，上海古籍出版社 1989 年版。

史存直：《汉语词汇史纲要》，华东师范大学出版社 1989 年版。

谭代龙：《义净译经身体运动概念场词汇系统及其演变研究》，语文出版社 2008 年版。

王力：《汉语词汇史》，载《王力全集》第十一卷，山东教育出版社 1990 年版。

汪维辉：《东汉—隋常用词演变研究》，南京大学出版社 2000 年版。

向熹：《简明汉语史》，高等教育出版社 1993 年版。

徐朝华：《上古汉语词汇史》，商务印书馆 2003 年版。

许威汉：《二十世纪的汉语词汇学》，书海出版社 2000 年版。

张联荣：《古汉语词义论》，北京大学出版社 2000 年版。

张诒三：《词语搭配变化研究——以隋以前若干动词与名词的搭配变化为例》，齐鲁书社 2005 年版。

张永言：《词汇学简论》，华中工学院出版社 1982 年版。

赵克勤：《古汉语词汇学》，商务印书馆 1994 年版。

第六章　同义词研究

第一节　同义词研究的简单回顾

古汉语同义词研究有着悠久的传统，古人已经为我们积累了很多经验，也留下了不少教训。如何借鉴古人的得失和现代汉语同义词研究的理论方法，进一步发掘出适合古汉语同义词研究的理论和方法，从而进行真正意义上的具有古汉语特色的同义词研究，并为古汉语已有的同义词研究成果和现代汉语同义词研究成果作出一定程度的补充或纠正，为古汉语词义学、训诂学、汉语词汇史的研究提供可资参证的理论和材料，这是一个极其重要的课题。

同义词，关于它的定义很多，这里不烦一一列举。黄金贵先生将这些定义归纳为三类："一义相同"说、"多义相同"说和"近义"说。不过，事实上，后面两说都是不正确的。这一点，黄金贵先生在其专著中已经作了相当明晰的阐述，他将同义词界定为"同义词是按一个义位（词义）系统横向聚合的词群"，并对其作了深入的理论探讨。[①] 这也是到目前为止对这一问题所作的最为深入的研究。我们只有坚持"一义相同"说，才能摆脱过去的种种理论束缚，在科学理论的指导下进行古汉语同义词研究。

---

① 黄金贵：《古汉语同义词辨释论》，上海古籍出版社2002年版，第1～45页。

古人对古汉语同义词所进行的研究有一个良好的开端，那就是《尔雅》。

《尔雅》是我国最早的一部训诂专著，也是最早的一部同义词研究专著。《汉书·艺文志》著录《尔雅》三卷共二十篇，今本《尔雅》十九篇，其中前三篇即《释诂》、《释言》、《释训》，训释的对象是通义词语，后十六篇是《释亲》、《释宫》、《释器》、《释乐》、《释天》、《释地》、《释丘》、《释山》、《释水》、《释草》、《释木》、《释虫》、《释鱼》、《释鸟》、《释兽》、《释畜》。这一分类方法是《尔雅》的首创，对后世雅系辞书有深远的影响。从同义词研究的角度来说，《尔雅》的这种分类着重于名物，按类编排，体现了作者对文化同义词的重视。

《尔雅》给古汉语同义词研究留下的另一个良好传统就是它的释义方法。在绝大多数情况下，它都是先列举若干需要解释的词语，然后以一通语加以解释，如《释诂》："初、哉、首、基、肇、祖、元、胎、俶、落、权舆，始也。"虽然有不少学者非议它将本义、引申义、假借义浑言不分，但从同义词的判定标准这一角度来说，《尔雅》的这种释义方法实际上是坚持了"一义相同"的同义词观，这是值得我们肯定的。

这两个良好的传统对《尔雅》之后的古代学者有很好的影响。但遗憾的是，当今的学者中除了极少数人外，大多都忘记了这两个传统。在同义词的构组上，往往注重通义词语而忽略了文化词语；在同义词的判定标准上，往往不能坚持"一义相同"的同义词标准，辨析的是"同外之异"而不是"同中之异"。这是需要我们反思的。当然，《尔雅》最大的缺陷也是需要指出的，那就是它在同义词的研究上只辨其同而不辨其异，即只指出哪些词（词义）可构成同义关系，却不进一步指出它们的区别。而事实上，同义词研究最有价值的部分是对于"同中之异"的精细分辨。

《尔雅》之后的古汉语同义词研究，比较重要的有唐孔颖达的《五经正义》，它所使用的“散文”、“对文”的训诂术语实际上也是用于同义词辨析的。

中国古代语言学史上公认的对于同义词研究取得最大成绩的当属段玉裁之《说文解字注》。段注对古汉语同义词研究的贡献表现在多个方面，例如，他辨释的同义词中名物词达70%以上，这些名物词当然都是文化词语，加上动词同义词组中也有不少文化词，则文化词语总数可达80%以上。[①] 这与当今流行的古汉语同义词训释的现状形成极大反差，需要我们认真思考。

段注对古汉语同义词研究的另一个贡献就是对同义词的“同中之异”作了精细的辨析，并用“浑言”、“析言”的训诂术语开创了同义词辨析中同中求异的理论思想和实践方法。浑言就是求同，析言就是求异，虽然段氏把两者并举，但实际上他更着重于求异，这在同义词辨析上是正确而有意义的。当然，段氏在同义词辨析方面的不足也是存在的，例如，《说文·巫部》：“觋，能斋肃事神明也。在男曰觋，在女曰巫。从巫从见。”徐锴系传：“能见神也。会意。”段注：“此析言之耳。统言，则《周礼》男亦曰巫，女非不可曰觋也。”按：段玉裁前面说得极好，但“女非不可曰觋也”不确。宋王观国《学林》卷五“巫觋”条：“……观国案：《周官》有司巫，掌群巫之政令。又有男巫，有女巫，通谓之巫，而不谓之觋。若言巫觋，则必有别矣。今案《檀弓》曰：岁旱，穆公召县子而问然，曰：‘天久不雨，吾欲暴巫而奚若？’曰：‘天则不雨而望之愚妇人，于以求之，毋乃已疏乎？’谓巫为愚妇人，则女为巫矣。女为巫，则男为觋也。”王观国的话可看作对《说文解字法》、《玉篇》、《广韵》所谓“女曰觋”的纠正。已有一些学者认识到段氏同义词辨析之误：二词辨

① 黄金贵：《古汉语同义词辨释论》，上海古籍出版社2002年版，第247页。

一，不成系统；囿拘旧注，主观推绎；浑言古今，以同代异。[①]当今有些学者还把一些不妥的例子，如上面举到的例子作为段氏辨析中的精品加以夸奖，是不够妥当的。

当代学者有关古汉语同义词的研究从数量上来说也不能说少，单就“辨析”来说，最早的大概是王力先生主编《古代汉语》中的“常用词”部分的辨析了。它的辨析模式对后来者影响极大。但由于同义词的判定标准未能定好，加上在构组时随意以常见的二三词为一组，因此从总体上来说质量不高。当代有关古汉语文化同义词的辨析比较优秀的成果主要集中于少数学者的著作中。这些著作主要有下面两部。

王凤阳先生的《古辞辨》[②]是《古代义近词辨析》的缩称。“因为书中虽然大部分属于同义词、近义词，不过其中也包含着一定数量的同类词、同源词、对义词、反义词，还有少量属于字的范畴的古今字、通用字，这些都不是一个‘同义词’所能概括的，所以最后商定用简而赅的《古辞辨》作为书名。”[③]此书体大思精，共183万余字。此书对古汉语文化同义词研究的贡献之一是继承了《尔雅》分篇的优秀传统。从书前的“分部表”可以看出，此书的同义词条目共分名物词、运动词、特征词三大部类。其中，名物又分为时间、空间、天象、地形、山丘、水流、田土、矿物、植物、动物、身体、疾病、墓葬、衣物、饮食、宫室、交通、工具、武器、用具、食具、交换、度量、文化、艺术、人伦、等级、称代、职官、军旅、制度、刑政、道德、宗教、哲学及其他，共三十五类。运动部类下分十一类，特征部类下分四类。这一细密的分类是迄今为止古汉语同义词研究中最注

① 黄金贵：《古汉语同义词辨释论》，上海古籍出版社2002年版，第249～270页。

② 王凤阳：《古辞辨》，吉林文史出版社1993年版。

③ 王凤阳：《古辞辨》，吉林文史出版社1993年版，后记第1043页。

重文化同义词的典型范例。

王凤阳先生《古辞辨》的另外一个贡献是作者心目中有“史”的观点，因此，在辨析同义词时经常注意要把一个词义的来龙去脉说清楚，比如，在“庙、祖、祢、祧”这一级同义词中，先指出其同义：“这是一组有关宗庙的用词”，然后一一分析同中之异。就“祖”而言，作者论证指出，“祖”是指对一个家族有创始之功者，“宗”是指一族有昌盛之功者，实即支族之祖。这样的话，“祖”可指创始祖之庙而“宗”可指支族之祖庙也就不言自明了。同时，作者还注意探求语源，这是其他的所谓古汉语同义词词典所不注意的。例如，在解释“祢”的词义时说道，“‘祢’与‘迩’同源，即自己最近，血缘最密切的庙”，一语道破了“祢”表亡父之庙的缘由。① 作者对汉语语源素有研究，所以在同义词辨析中时有高见。

不过，此书也有明显的不足，如同义词辨析中往往脱离了“同中之异”而去辨“同外之异”，另外，同义词构组中每一组的同义词过少，这也是比较明显的。如上引表宗庙义的一组同义词，其辨析中已经说到了“宗”，却不把它列为辨析的词目；还有，据我们的研究，表宗庙义的同义词除了他所列出的几个加上“宗”之外，还有“寝”和“祠堂”也当置于其中②，但《古辞辨》均未收录。

黄金贵先生的《古代文化词义集类辨考》③，全书共辨析262组同义词；若干意义相关的篇章汇成一类，全书共有国家、经济、人体、服饰、饮食、建筑、交通、什物等八类。此书的贡献主要表现在两个方面：一是以文化同义词为辨析对象；二是坚持

① 王凤阳：《古辞辨》，吉林文史出版社1993年版，第335页。

② 曾昭聪：《古汉语神祀类同义词研究》，中国文史出版社2005年版，第117～124页。

③ 黄金贵：《古代文化词义集类辨考》，上海教育出版社1995年版。

一义相同的辨析方法。辨析方法上，以往的研究者在进行同义词辨析时多是两三个词一组，然后按“本义不同、引申义不同、语源不同……”的模式，所辨的往往是一个义位的同外之异。此书有意识地按“一义相同”观并力求系统性地构组，将所有被释词置于同义词一个义位的系统中进行辨析，因此，其结论也就不同一般了。例如，第70篇在辨考“堤、防、塘、堰、坝”时指出：堤，通称；防，低陷地四周所筑防水内溢与外侵的护堤；塘，大堤，可用于池、江、湖、陂、海；堰，横截江河、抬高水位以蓄水的较低长堤；坝，横截江河的大堰，短而高，上设分流闸。如此辨释，方消除了浑训之弊。当然，此书的辨析方法不仅仅是指构组，更重要的是利用了多种求义的方法，如本义与引申义互求法、异文求义法、形声字声符求义法等，其中最值得一提的是声符求义法。据作者统计，此书中利用声符求义的词占所辨词总数的54%。此书附录二《形声字声符求义集表》所集达400余条之多。另外，此书中运用得最好而对当今语言学界来说又是最不熟悉的方法就是文化求义法，即在词义辨析过程中大面积、系统地引入文化史证和考古文物证。当然，此书也有其不足之处。这主要表现在分类方面。像国家、经济类等尚显粗糙，因其中有不少与之无关或关系不大的同义词组，可能是因为这些同义词组少，不得已而纳入相近类别吧。

近年来，古汉语同义词研究专书与学位论文比较多，例如，冯蒸先生的《说文同义词研究》、沈林先生的《〈左传〉单音节实词同义词词群研究》、池昌海先生的《〈史记〉同义词研究》、钟明立先生的《段注同义词考论》、周文德先生的《〈孟子〉同义词研究》、黄金贵先生的《古汉语同义词辨释论》、雷莉先生的《〈国语〉单音节实词同义词研究》、王建莉先生的《〈尔雅〉同义词考论》、呼叙利先生的《〈魏书〉复音同义词研究》、张凡先生的《魏晋南北朝志怪小说同义词研究》、王彤伟先生的《〈三国志〉同义词研究》。[①] 其中，黄金贵先生的《古汉语同义词辨释论》一书在理论和实践两方面的建设成绩比较明显。

多年来的古汉语同义词研究，理论和实践两方面的不足都比较明显。一般的辨释专书或词典，在构组上随意性过大，往往取常见、共义较明显的二三词为一组；在辨异上，以词为单位，而不是以词义为单位，即将同义词辨异变成一组词的每个义项的逐一比较，而不是探究每个词在一个相同义上的同中之异。《古汉语同义词辨释论》对此作了剖析："古汉语同义词辨释虽还没有病入膏肓，但沉疴痼疾缠身已使它难以有为。本书试图为其全面疗治，标本兼治，故不免'小题大做'。兹做了三件事：查症、解病、处方。"[②]

在理论方面，该书最为突出的是强调并深刻阐述了同义词是按一个义位（词义）系统横向聚合的词群。曾经有学者以为同义词可以是"多义相同"，或同义词可以是"近义"。该书指出，"多义相同"说是臆说，因为它不合逻辑，又不合古汉语同义词的实际，即平均为五词一组的同义词组根本没有多义相同的存在。"近义"说则是误说，因为它有三个误区：一名指二事、误解等义词、将同义词近义化。王力先生一贯所主张的"一义相同"说是唯一的确说，因为在理论上它明确强调了相同的基础是"一个意义"，即一个义位，符合现代词义学、语义学对同义词的

---

① 冯蒸：《说文同义词研究》，首都师范大学出版社1995年版。沈林：《〈左传〉单音节实词同义词词群研究》，四川大学2001年博士学位论文。池昌海：《〈史记〉同义词研究》，上海古籍出版社2002年版。钟明立：《段注同义词考论》，中国文联出版社2002年版。周文德：《〈孟子〉同义词研究》，巴蜀书社2002年版。雷莉：《〈国语〉单音节实词同义词研究》，四川大学2003年博士学位论文。王建莉：《〈尔雅〉同义词考论》，浙江大学2005年博士论文。呼叙利：《〈魏书〉复音同义词研究》，浙江大学2006年博士学位论文。张凡《魏晋南北朝志怪小说同义词研究》，浙江大学2006年博士学位论文。王彤伟：《〈三国志〉同义词研究》，复旦大学2007年博士学位论文。

② 黄金贵：《古汉语同义词辨释论》，上海古籍出版社2002年版，第416页。

研究特点；排除了词与词之间的关系，更否定了词与词的等同，也可以排除同义词的“近义化”。这一观点在实践上是指导同义词辨释的唯一正确的同义词观。只有在坚持“一义相同”的同义词观的指导下，古汉语同义词研究才能真正落到实处，其他一系列问题才能迎刃而解。像《尔雅》作为同义词典的实质、《说文》段注中的同义词研究的缺失、古今汉语同义词辨析之同异等问题，由此方得到深刻的阐述。

在实践方面，该书以具体的例证向读者揭示了古汉语同义词辨释的种种精到而细微的方法。作者指出，同义词同中有异，要运用多手段、多角度、多侧面、综合型的辨异方法。方法有两个层面，一是思辨层，有四种方法：①系统互补律，即根据一个义位系统的同义词组诸词都有自己的地位、作用而互补共存的道理，对某个词的义象（即异点）发疑解惑；②名与物相应律，即具体从名与物“对号入座”、新名必有新物新貌、多角度审鉴异称词以思辨；③语言与文化统一律，即通过文化理析词义、由语言论证词义、语言与文化互证互求；④从名物索解文化，即紧紧围绕名物词以揭示名源、勾勒史段、为文化史拾遗补阙。二是操作层，也有四种方法：①语用比较，有语境别异法、文例归纳法、同节见异法、异文稽异法、语法解异法；②词义取证，有本义索解法、引申释义法、反义证异法；③同源推究，有异形求义法、声符求异法；④多重证据，有文化史明异法、考古文物察异法、今语观异法。总之，该书注意到了古汉语同义词辨释的可操作性，详尽地对各种辨异方法进行了说明，对读者具有较大的启发。

通过以上有关古汉语（文化）同义词研究的简单回顾，我们可以看出：

（1）关于古汉语同义词研究我们有很好的传统，从《尔雅》到段注，都作出了在当时的历史条件下可以达到的最好成绩。

（2）在理论建设方面，近年来古汉语同义词专著成批出现，一方面显示了语言学界对这一研究领域的进一步重视，另一方面也说明古汉语同义词研究确实是可以有所作为的。

（3）在古汉语文化同义词的辨析方面，近几十年来已经出版的成果中能够以比较科学的观念进行研究并取得相当成绩的代表性著作已经出现并产生了一定的影响。

（4）在专书同义词研究方面已有一定的成绩，专书同义词研究的成果已经成批出现。

但是，问题也很明显。一是系统辨析的成果少，二是联系文化进行同义词研究的成果少，三是上升到理论高度的成果少。

我们认为古汉语文化同义词研究可以从不同的角度进行，目前至少有以下几个方面的工作要做：

（1）加强语言与文化的双向融合，进行某一特定文化系统中的同义词辨析。由于古汉语文化同义词是一个很大的范围，要想以个人力量在一部专著中将古汉语中所有的文化同义词进行穷尽性研究是不可能的。因此，可按不同的分类方法进行若干层级的分类，如神祀类、交通类、服饰类、天文类、地理类，等等。将研究对象限定在某一范围内，一方面使研究者易于把握文化的内涵，另一方面也易于把握古汉语同义词因文化的不同而导致的“同中之异”。在对有关文化史资料、语言资料等作了清理之后，我们可以“以古汉语单音词尤其是文化义的词汇作为研究对象，将周秦至东汉作为共时层面，上溯下联，共时与历时相结合，在一个词义的系统中运用多手段、多角度、多侧面、综合型的方法，精确地辨析词义”①。这样可以集中、系统地认识某一类的文化、词汇、训诂的特点，既可以挖掘与文化词语相关的各种文化现象并以之为基础，从而发现同义词在同一义位下的各自的特点

① 黄金贵：《古汉语同义词辨释论》，上海古籍出版社2002年版，第193页。

即区别性特征；同时也尽可能地用语言去为文化服务，即通过词义的考察对文化现象中若干不同的说法作出选择或澄清。这项工作目前已有一批人在做[①]，但不可能一蹴而就，仍有进一步研究的空间。

（2）加强专书同义词研究。我们前面说到的专书同义词研究可以推而广之，扩大到汉语史上各时期有代表性的语料。

（3）加强与古汉语同义词研究相关的理论探讨。与古汉语同义词研究进行理论探讨的专著或论文尚不多见，虽然黄著已达到一定高度，但并不意味着已经不再需要研究理论。随着系统辨析的深入进行，更多的理论探讨当提上日程。

（4）在研究方法上，可以更多地借鉴语言与文化的对应规律（如黄著中所揭示者）、现代汉语同义词研究方法以及计算机技术（如周著），以加强古汉语同义词研究的科学性。

第二节　同义词研究要注重理论思考

关于同义词辨释的方法，黄金贵先生的《古汉语同义词辨释论》已有详论，从事古汉语同义词研究者不可不读。曾昭聪的《古汉语文化同义词辨释方法刍议》一文也有所阐述[②]。除此之外，我们还要强调，对于古汉语同义词的辨释，应该注重理论思考，主要表现在如下两个方面：

---

① 黄金贵主编、曾昭聪副主编：《古汉语同义词辨释词典》，上海辞书出版社即出。

② 曾昭聪：《古汉语文化同义词辨释方法刍议》，《汉语史研究集刊》第七辑，巴蜀书社2004年版。

一、要利用现代语义学理论拓展同义词研究的空间

例如，我们可以从语义场角度对金元全真教石刻文献中的同义词进行研究。“从现代语义学的观点来看，一组同义词（不包括等义词）或一组反义词的义位以及一组意义上紧密联系的义位，构成一个最简单的义位系统，是一个最小的子语义场。”① 金元全真教石刻文献语料（以下引文均据《金元全真教石刻新编》②）的时代确定，语体相同，并均为道教文献；其中“死亡”类词语颇多，共发现 34 个。它们共同组成一个“死亡”义场。语义场的性质是“若干个义位含有相同的表彼此共性的义素和相应的表彼此差异的义素，因而联结在一起，互相规定，互相制约，互相作用”③，金元全真教石刻文献中的“死亡”义场词语的共性义素即“死亡”；其差异义素又各不相同，从大的方面来说，这些词语又可以按其差异分为六类（其中有几个词因语素组合而可入于两类），归属于同一类的词又可作进一步的更为细微的差异分析。④

（一）变化类：（1）归化；（2）化；（3）亡化；（4）仙化

【归化】《抱元真静清贫李真人道行碑》：门弟子耿道清不违先师付嘱，托钵南游，往江西路访先师旧会首南丰州达鲁花赤那怀等官处抄注。闻清贫归化，还此缘事，助施中统钞五千余贯。《汉语大词典》该条未收“死亡”义项。

【化】《纯正昭慧冲和真人高君道行碑》：粤十三年十月十日，

① 贾彦德：《汉语语义学》，北京大学出版社 1999 年版，第 147 ~ 148 页。

② 王宗昱编：《金元全真教石刻新编》，北京大学出版社 2005 年版。

③ 贾彦德：《汉语语义学》，北京大学出版社 1999 年版，第 149 页。

④ 以下举例时每个词只举一例，详参曾昭聪、曹小云：《“死亡”义场同义词的同与异》，《汉语学报》2008 年第 4 期。

微疾而化，门人敛瘗于府南元清宫之东厢茔，礼也。《汉语大词典》该条义项十一："死。"

【亡化】《荥阳修建黄箓大醮记》："夤奉三境高真，上下神祇，所以荐济亲属，远近亡化，兼波及本路覆绝无皈之魄洎有主无祭者，投坛附荐。"《汉语大词典》"亡化"条："去世。"这里指亡化之人。

【仙化】《纯正昭慧冲和真人高君道行碑》：仙化而安厝者今十有八年，而铭志未有，无以慰诸幽，敢以为请。《汉语大词典》该条义项二："死的婉辞。"

以上四词的核心语素是"化"。《说文》："化，教行也。从匕从人，匕亦声。"按：《说文》所释本义不确，"化"本义当指变化。《玉篇·匕部》："化，易也。"《易·恒》："日月得天而能久照，四时变化而能久成。"《国语·晋语九》："雀入于海为蛤，雉入于淮为蜃。鼋鼍鱼鳖，莫不能化，唯人不能。"人死是生死之间的变化之事，故得称"化"。《孟子·公孙丑下》："且比化者无使土亲肤，于人心独无恔乎？"朱熹注："化者，死者也。"晋陶潜《自祭文》："余今斯化，可以无恨。"

同属于"变化类"的四词其差异分别是："归化"，返归仙界或自然，从生到死的变化；"化"，从生到死的变化；"亡化"，离去，从生到死的变化；"仙化"，成仙，变化。

（二）返回类：（1）返真；（2）归；（3）归化；（4）归空；（5）归宿；（6）归真

【返真】《玄都观碑》：祖师以教门后事付于丹阳。久而厌世，翛然返真。四子负冠剑而归葬于终南。《汉语大词典》该条义项二："道家认为人死后归于自然，故以'返真'婉称死。"

【归】《吕先生记》：辞上元大师颂云：稽首大师，老叟当归。……付昌平县令颂云：寓居西秦，超于上国。……午时吾归，须烦土主。《汉语大词典》该条未收"死亡"义项。

【归化】例见“变化类”。

【归空】《大元辽阳等处大宁路瑞州海滨乡周家庄云溪观碑》：虽然，论其功绩之勤，如是之劳，以传不朽。若事之毕，一旦归空，无余恨矣。《汉语大词典》该条未收“死亡”义项。

【归宿】《重修丹阳殿记》：岁当壬寅，真人六（?）纪，□□海上，道经是观，睹名游仙，乃语众曰：兹正吾归宿处，吾向所指示者。遂不复他适。《汉语大词典》该条未收“死亡”义项。

【归真】《寓真资化顺道真人唐四仙姑祠堂记》：本宫提点耿道清话及仙姑归真至今一百六十余年，未曾迁葬。《汉语大词典》该条义项二：“佛教语。谓死。后泛称人的死亡。”

以上六词的核心语素是“返”或“归”。

返，《说文·辵部》：“返，还也。从辵从反，反亦声。”《广雅·释诂二》：“返，归也。”《庄子·逍遥游》：“大而无当，往而不返。”《孙子·行军》：“粟马肉食，军无悬缻，不返其舍者，穷寇也。”

归，《广雅·释言》：“归，返也。”可特指人死。《尔雅·释训》：“鬼之为言归也。”郝懿行义疏：“生，寄也；死，归也。故《列子·天瑞篇》云：‘鬼，归也。’又云：‘古者谓死人为归人。’”唐李白《拟古》诗之九：“生者为过客，死者为归人。”

同属于“返回类”的六词其差异分别是：“返真”，返归仙界；“归”，返回；“归化”，返归仙界，从生到死的变化；“归空”，返归自然；“归宿”，返归宿处（人生最终休息处）；“归真”，返归仙界。其中，只有“返真”及“归真”的词义没有差异。

（三）蝉蜕类：（1）蝉蜕；（2）蜕；（3）脱；（4）委蜕；（5）仙蜕

【蝉蜕】《创建元建都清虚观记》：工既毕矣，师乃蝉蜕。

《汉语大词典》该条义项六：“喻脱胎换骨。多指修道成真或羽化仙去。”

【蜕】《终南山重阳万寿宫碧虚杨真人碑》：是夕留颂而蜕，春秋七十有九。《汉语大词典》该条义项七：“道家、佛家谓人死为解脱。”“蜕”还有名词用法，指尸体。此不赘述。

【脱】《宁海州紫府洞白石神像记（略）》：居无何，庵前数松忽返青为白。师曰：松之白也，殆为我乎？明年癸卯，师果脱去。《汉语大词典》该条未收“死亡”义项。

【委蜕】《大元重修聚仙观碑》：方以老自佚，（卑）［俾］观事于门人张志顺。寻委蜕焉。《汉语大词典》该条义项三：“用为死亡的婉词。”

【仙蜕】《重修丹阳殿记》：予因叹曰：昔丹阳得遇重阳，一晤遂颖。厥后仙蜕于是宫，其灼见仙家秘语，因可想见。《汉语大词典》该条未收“死亡”义项。“仙蜕”还作名词，指人死后之遗体。例不赘举。《汉语大词典》该义项释义欠确且例证过晚。

以上五词的核心语素是“蜕”。

蜕，《说文·虫部》：“蜕，蛇蝉所解皮也。”本指蝉、蛇等脱下的皮，引申可作动词。《荀子·大略》：“君子之学如蜕，幡然迁之。”《史记·屈原贾生列传》：“蝉蜕于浊秽，以浮游尘埃之外。”张守节正义：“蜕，去皮也。”章炳麟《新方言·释动物》：“蛇蝉之属，解皮则谓之蜕。”道家认为修道者死后精神成仙，肉体留于人间，亦称“蜕”。《抱朴子内篇》卷二：“下士先死后蜕，谓之尸解仙。”唐王适《潘尊师碣》：“翌日，师曰：‘吾其蜕矣。’”

脱，通“蜕”。《集韵·薛韵》：“脱，虫新出皮悦好皃。”《庄子·至乐》：“胡蝶，胥也，化而为虫，生于灶下，其状若脱。”王先谦集解：“脱，同‘蜕’。”三国魏曹植《神龟赋》：“蛇折麟于平皋，龙脱骨于深渊。”《初学记》卷三十引作“蜕骨”。唐寒山《诗》之二二九：“脱体似蟫虫，咬破他书帙。”

同属于“蝉蜕类”的五词其差异分别是：“蝉蜕”，如蝉蜕壳，指人的精神离开肉体；“蜕”，蜕壳，侧重于“脱去”；“脱”，通“蜕”；“委蜕”，抛弃所蜕之壳，指人的精神抛弃肉体而获得自由；“仙蜕”，成仙，指人的精神离开肉体。

（四）成仙类：（1）登仙；（2）登真；（3）返真；（4）归真；（5）升；（6）仙；（7）仙化；（8）仙去；（9）仙蜕；（10）游；（11）游仙；（12）羽化

【登仙】《抱元真静清贫李真人道行碑》：阅三载，真人登仙。《汉语大词典》该条义项三：“称人死亡的婉辞。”

【登真】《灵虚宫碑》：泰和癸亥，真人厌世登真。《汉语大词典》该条义项二：“古亦用作称人死亡的婉辞。”

【返真】例见“返回类”。

【归真】例见“返回类”。

【升】《清虚纯德辅教真人祠堂记》：昔丹阳真人到莱阳游仙观，视其榜曰游仙，曰：游仙游仙，真个游仙。不数日而升。与此正同。《汉语大词典》“升”未收“死亡”义项。

【仙】《奉真道院记》：虽嘘及屈伸，不同其揆。处世同尘，羽化而仙矣。《汉语大词典》“仙”义项五：“用于死或死者的婉辞。”

【仙化】例见“变化类”。

【仙去】《十方重阳万寿宫记》：于是丹阳、长真、长生、长春嗣续法胤，至大梁慉然仙去，四子奉柩权厝于刘奖之故居。《汉语大词典》该条义项二：“去世。死的婉辞。”

【仙蜕】例见“蝉蜕类”。

【游】《终南山重阳万寿宫碧虚杨真人碑》：初富山宋先生素与师不平，其比化也，师往言别，宋见之恍然如梦寐间，及往视之，则师已游矣。《汉语大词典》“游”未收“死亡”义项。

【游仙】《清虚纯德辅教真人祠堂记》：昔丹阳真人到莱阳游仙观，视其榜曰游仙，曰：游仙游仙，真个游仙。不数日而升。与此正同，《汉语大词典》该条未收“死亡”义项。

【羽化】《金范寿卿归山操跋石刻》：噫！真人已羽化矣，斯文不可复得，命工刻之于石，用传不配矣。《汉语大词典》该条义项二：“指飞升成仙。……用作道教徒死亡的婉辞。”此处用法是道教徒死亡的婉辞。但《汉语大词典》对这一用法未举例，其原因当是视此用法为现代汉语用法，或没有合适的书证。上举石刻文献书证可补之。

以上十二个词中的九个词的核心语素是“仙”或“真”。

仙，《释名·释长幼》：“老而不死曰仙。”即修炼得道长生不死之人。晋葛洪《抱朴子·论仙》：“凡世人所以不信仙之可学，不许命之可延，正以秦皇、汉武求之不获，以少君、栾太为之无验故也。”作动词，指成仙。晋葛洪《抱朴子内篇》卷四：“合丹当于名山之中，无人之地，结伴不过三人，先斋百日，沐浴五香……成则可以举家皆仙。”又“第四之丹，名曰还丹，服一刀圭，百日仙也。”

真，道家称修真得道或成仙的人。《说文·匕部》：“真，仙人变形而登天也。”段玉裁注：“此真之本义也。”《庄子·列御寇》：“夫免乎外内之形者，唯真人能之。”《乐府诗集·郊庙歌辞十一·唐太清宫乐章》：“金奏迎真，琼宫展盛。”

同属于“成仙类”的十二词其差异分别是：“登仙”，升天成仙；“登真”，升天成仙；“返真”，返归天上成仙；“归真”，返归天上成仙；“升”，升天；“仙”，成仙；“仙化”，返归仙界或自然，从生到死的变化；“仙去”，成仙离去；“仙蜕”，成仙，精神离开肉体；“游”，遨游天上，“游仙”的简称；“游仙”，遨游天上，指成仙；“羽化”，身生羽而飞升成仙。这十二个词中，“登仙”与“登真”没有细微差异；“返真”与“归真”没有细微差异。

（五）离去类：（1）去；（2）逝；（3）亡；（4）亡化；（5）霞骞；（6）厌世

【去】《吕先生记》：吾久居尘世，今我去矣。言讫，奄然而坐亡。《汉语大词典》“$去_1$”（去声）义项八：“去世，死亡。”但例证过晚。

【逝】《重修伏羲庙碑记》：未几，赵以疾逝，徒族星散。《汉语大词典》该条义项三：“死。”

【亡】《吕先生记》：吾久居尘世，今我去矣。言讫，奄然而坐亡。《汉语大词典》该条义项六：“死亡。”

【亡化】例见“变化类”。

【霞骞】《玄都观碑》：大定二十三年，季冬下旬，真人处顺而霞骞矣。遐迩舆情，不胜哀慕。《汉语大词典》该条未收“死亡”义项。

【厌世】《玄都观碑》：祖师以教门后事付于丹阳。久而厌世，翛然返真。四子负冠剑而归葬于终南。《汉语大词典》该条义项二：“去世。死的婉辞。”

以上六词的语素各不相同，试一一分析。

去，《说文·去部》：“去，只相违也。”段玉裁注：“违，离也。”即离去，可用作人死的婉辞。汉佚名《孤儿行》：“居生不乐，不如早去，下从地下黄泉。”晋陶潜《杂诗》之三：“日月还复周，我去不再阳。”作死亡义侧重指与活人分别而离去。

逝，《说文·辵部》：“逝，往也。”《广雅·释诂上》：“逝，往也。”引申指死亡。汉司马迁《报任安书》：“是仆终已不得舒愤懑以晓左右，则长逝者魂魄私恨无穷。”唐韩愈《祭石君文》：“自君之逝，相遇辄哀。”作死亡义侧重指向着另一世界（死亡）而离去。

亡，《说文·亡部》：“亡，逃也。”段玉裁注：“亡之本义为逃。”《广雅·释诂三》：“亡，避也。”“亡”的本义是逃亡，引申可指外出、离开。《论语·阳货》：“孔子时其往也而往拜之。”再引申，人的精神离开肉体也得称“亡”。《书·汤誓》：“时日曷丧，予及汝皆亡。”《公羊传·桓公十五年》：“曷为末言尔？祭仲亡矣。”何休注：“亡，死亡也。”南朝梁刘勰《文心雕龙·哀吊》：“及后汉汝阳王亡，崔瑗哀辞，始变前戒。”“亡”作死亡义侧重指人的精神离开肉体。

亡化，离去并有从生到死之变化。

霞骞，《汉语大词典》该条列两个义项：①谓志向高远。晋陆机《晋平西将军孝侯周处碑》：“忠烈果毅，庶僚振肃，英情天逸，远性霞骞。”②谓如云霞之飞动。《艺文类聚》卷三八引南朝梁简文帝《南郊颂》序：“紫殿仙宫，霞骞鸟翥，雾映倒梁，日光踈钣。”按：“如云霞之飞动”当是本义，引申为“志向高远”，上引全真教文献用例中的用法则进一步由此引申而来，犹今言“见马克思去了”。因此，“霞骞”作死亡义侧重指向着远大目标迅速离去。

厌世，《汉语大词典》列三个义项：①消极悲观，厌恶尘世。②去世。死的婉辞。③犹现世，出丑。按：义项二当是由义项一“厌恶尘世”引申而来。因此，“厌世”作死亡义侧重指因厌恶尘世而离去。

（六）终结类：（1）没；（2）殁；（3）死；（4）物故；（5）终；（6）卒

【没】《创修通道宫碑》：呜呼！先师既没，仁乐于山。《汉语大词典》该条义项十六：“通‘殁’，死。”

【殁】《宁海州紫府洞白石神像记（略）》：庆真殁，道宽等相承整饬。《汉语大词典》该条义项一：“死，去世。”

【死】《琴操归山操》：嗟人世兮日月催，老欲死兮犹贪痴。《汉语大词典》该条义项一：“死亡，生命终止。”

【物故】《叶令王乔祠记》：或未落成而身已物故，或罹世变而化为灰烬，求其废址所在，皆湮没而无遗。《汉语大词典》该条义项二："死亡。"

【终】《增修长春大元都宫碑》：师病，夙夜奉汤药唯谨。终，以厚礼葬之。《汉语大词典》该条义项二："人死。"

【卒】《云真渊静明道真人武道彬道行碑（部分）》：武尊师，卒于昆嵛山东华宫之东堂，寿年八十。《汉语大词典》该条义项五："古代指大夫死亡，后为死亡的通称。"

按：以上六词的语素各不相同，也一一分析。

没，《说文·水部》："没，沉也。"段玉裁注："没者，全人于水，故引申之义训尽。"《小尔雅·广言》："没，终也。"《诗·小雅·渐渐之石》："山川悠远，曷其没矣。"毛传："没，尽也。"再引申可指人生命的终结。（《汉语大字典》、《汉语大词典》释此义时均言："通'殁'，死。"似不确。）《易·系辞下》："包犠氏没，神农氏作。"《论语·学而》："父在，观其志；父没，观其行。"《汉书·董仲舒传》："圣王已没，钟鼓筦弦之声未衰，而大道微缺，陵夷至虖桀纣之行，王道大坏矣。""没"作死亡义侧重指如人入水，再也不见。

殁，《说文·歺部》："歾，终也。"段玉裁注："殁死字当从此。"《国语·晋语四》："管仲殁矣，多谗在侧。"韦昭注："殁，终也。"《史记·屈原贾生列传》："伯乐既殁兮，骥将焉程兮？""殁"作死亡义当与"没"同源，但没有如人入水这样的隐含义。

死，《说文·歺部》："死，澌也，人所离也。"段玉裁注："《方言》：'澌，索也，尽也。'是澌为凡尽之称，人尽曰死。"死是生命的终结，作死亡义是与"生"相对的。

物故，《汉语大词典》义项二："死亡。"《荀子·君道》："人主不能不有游观安燕之时，则不能不有疾病物故之变焉。"《汉书·苏武传》："前以降及物故，凡随武还者九人。"王先谦补注引宋祁曰："物，当从南本作歾，音没。"故，原故。《说文·攴部》："故，使为之也。"段玉裁注："今俗云原故是也。"可指意外的或不幸的事变。《周礼·天官·宫正》："国有故。"郑玄注引郑司农曰："故谓灾祸。"《礼记·曲礼下》："君无故玉不去身。"郑玄注："故谓灾患丧病。"因此，"物故"是死亡作为一种灾祸的生命的终结。

终，《广雅·释诂一》："终，极也。"有"结局、终止"义。与"始"相对。《释名·释丧制》："老死曰寿终，寿久也。"《周礼·天官·疾医》："凡民之有疾病者，分而治之，死终则各书其所以，而入于医师。"郑玄注："少者曰死，老者曰终。""终"侧重指人老寿终。

卒，有终结义。《诗·豳风·七月》："无衣无褐，何以卒岁？"郑玄笺："卒，终也。"《礼记·奔丧》："三日五哭，卒，主人出送宾。"郑玄注："卒，犹止也。"指终结某一过程，故可指人死，《尔雅·释诂下》："卒，死也。"《礼记·曲礼下》："天子死曰崩，诸侯曰薨，大夫曰卒……寿考曰卒。""卒"作死亡义，指整个生命过程的终结。

以上对金元全真教文献中"死亡"义场词语作了分类分析。我们还可以进一步得出如下结论。

（1）汉语语音、词汇、语法诸要素中，词汇的系统性最不明显，看起来似乎是一盘散沙。但事实上，只要我们充分认识到任何一个词都处于某语义场中，从语义场对其进行考察分析就不难看出词汇的系统性。像上举金元全真教文献中"死亡"义场词语就属于"死亡"这样一个同义义场中，"死亡"是这些词的共性义素，而其差异义素的分析从大的方面来说有六类，每一类又可作更细微的差异分析。这是词汇系统性的重要表现。

（2）关于同义词研究，学界对于什么是同义词曾有多种不同的说法。黄金贵先生认为，同义词是按一个义位（词义）系统横向聚合的词群。[1] 我们通过对金元全真教文献中“死亡”义场词语所作分析，可以看出同义词既有共性义素，也有差异义素。同义词辨析，必须坚持“一义相同”的标准，需要辨析的是“同中之异”，即差异义素；但很多同义词词典往往背离了这一基本原则，所辨对象成了“同外之异”，即彼此不相关联的义素。[2] 这是需要反思的。另一方面，关于同义词的构组成员的数量，黄金贵先生曾经谈道：“在某一历史平面的社会交际中，人们对某一义位表达的需要，选用两个以上的多个词，使它们各自担负一定的功用，发挥或大或小、或多或少、价值不等的作用，它们组成一个义位的固定的（非临时的）‘家园’，每个参与的词就成为这个‘家园’的一个成员。”[3] 这个家园就是一个语义场。每个“家园”有多大？即每一组同义词平均有多少词？黄先生根据其专著《古代文化词义集类辨考》作了统计，该书收词 1 306 个，分 262 组，平均每组 5 个词。我们通过对时代确定、语体相同，并均为道教文献的金元全真教石刻文献资料所做的研究，发现同义词的数量符合并大大超过黄先生的预测（原因参见下面第四点），这也提醒我们在进行同义词构组和辨析时，一定要在某特定的范围内作穷尽性搜求，否则，随意地二三词一组，所辨对象就不具科学性。

（3）从辞书编纂来说，义项的排列应该也是有系统性的。金元全真教石刻文献中表“死亡”义的所有词语在《汉语大词典》的释义中其“死亡”义往往被单列为一个义项，如“仙去”，义项一：“成仙而去”；义项二：“去世。死的婉辞。”“仙化”，义项一：“谓成仙”；义项二：“死的婉辞。”因此，对“归化”、

---

① 黄金贵：《古汉语同义词辨释论》，上海古籍出版社 2002 年版，第 44 页。

② 曾昭聪：《〈古辞辨〉简论》，《辞书研究》2006 年第 2 期。

③ 黄金贵：《古汉语同义词辨释论》，上海古籍出版社 2002 年版，第 278 页。

“归”、“归空”、“归宿”、“脱”、“仙蜕”、“升”、“游”、“游仙”、“羽化”、“霞骞”这些词语就有必要列出“用作道教徒死亡的婉辞”这一用法，或将其独立为一个新的义项（如“羽化”）。

（4）金元时期是全真教的鼎盛时期，道家文化至此亦发展为一新的高峰。从金元全真教石刻文献中可以看出，“返回”、“蝉蜕”、“成仙”这三类词语颇多，反映了道家所信奉的归真成仙思想的盛行及其对语言的影响；另一方面，人的死亡与归真成仙在道家看来是合二为一的事情，因此，可以同一个词表示两种思想观念。同时，“变化”、“离去”、“终结”三类中的词语则大多反映的是上古以来关于“死亡”的传统文化思想，因为这些思想与道家思想是一致的，因此仍大量保存在金元全真教石刻文献中。

二、进一步加强古汉语同义词研究的理论探讨

对古汉语同义词进行研究，除了借助有关理论之外，还需要进一步加强理论思考。比如，我们前面介绍的“同义词”的定义，有学者就有不同的看法。张生汉先生认为，对古汉语同义词进行考察必须要有时空观念，要注意从词汇史的角度考察同义词：“词语之间的同义关系，只能存在于共时的同一符号系统内。现代汉语是这样，古代汉语也是这样。当前一些研究者在对古汉语同义词进行考察的时候，往往忽略了研究对象的时空界限，把由于异时异地之故而对同一事物造成的不同名称也当作同义词来构组、辨释，这种研究不仅不属于同义词研究的范围，而且会使汉语词汇发展史的真实面貌变得模糊不清。对古汉语同义词的考察必须持有时空观念，才能够得出符合汉语历史发展实际的结

论。”①

同时，他还提出同义词不等于类义词。“类义关系和同义关系是语言单位之间两种不同的关系。不少研究者在对古汉语同义词进行构组、辨析时，常常混淆二者的界限，把类义词当同义词对待，这样做不仅无法弄清某一历史时期汉语词汇系统中同义词的真实情况，而且很可能掩盖此一时期汉语词汇的某些重要特点。这是目前古汉语同义词研究中存在的普遍问题，应引起足够的注意。”②

相类似的观点还有不少。我们前面说到同义词的定义时强调“一义相同”，即一个义素相同。但是，“义素分析法完全建立在个人对词义的了解和剖析的基础上，有一定的主观性，并不是验证式的，因此，它不能给检验提供客观的、形势的标志”③。那么，什么才是同义词呢？王彤伟先生从认知心理学的角度作了考察，“同义词构组的实际就是‘识同’，同义与否的关键在于人们的认知心理，在于多大程度上相同，是一个连续的、模糊的‘相似度’的问题”④。从类型论的角度来看，“同义词是一个范畴，是一个开放的范畴同时又是一个模糊的范畴。这个范畴中的成员并非齐整如一。同义词范畴是由距离意义核心之远近关系不同的有向心性的成员组成的范畴，这个范畴中只有那个意义的核心是典型的，成员都只是对典型的类似。其中，所谓的‘等义词’属于范畴中的典型成员，其相似度较高；而‘近义词’属于范畴中相似度不同的非典型成员。按照距离核心的向心力力矩的不同，范畴中成员的相似度也有远近之别。范畴的边际延伸到何处是模

① 张生汉：《古汉语同义词研究的时空观念》，《语言研究》2008 年第 1 期。

② 张生汉：《关于古汉语同义词研究的一点看法》，《语言研究》2005 年第 1 期。

③ 刘叔新：《同义词和近义词的划分》，《语言研究论丛》1982 年第 2 期。

④ 王彤伟：《〈三国志〉同义词研究》，复旦大学 2007 年博士学位论文，第 21 页。

糊的，所以，同义词范畴不是封闭的，而是开放的”①。从同义词范畴的家族相似性来说，“Rosch 和她的同事通过对英语和其他语言的范畴形成的研究发现，许多范畴都是围绕一个原型构成的，判断某物体是否归入某范畴，不是看它是否具备该范畴成员的共有特征，而是看它与其原型之间是否具有足够的家族相似性。因此，在很多情况下，这不是一个‘是或不是’的问题，而是要‘看你怎么说了’：有些物体‘严格地说’不能归入某范畴，但将标准‘放宽一点’似乎也未尝不可”②。“引起‘几个成员是否为一组同义词’这种争论的原因主要是以下两方面。一方面，在一个词的词义系统中，各义项与义项之间并不是彼此截然分开的，而是一个连续的渐变，由离此原型（义项核心）近逐渐过渡到离彼原型近。那些属于中间状态过渡阶段的意义，往往被不同的认知主体划归入不同的义项。另一方面，不同的认知主体对各词义之间所具有的相似性的‘度’的把握不同。甲认为其间相似度高，就判定为同义，但可能乙又认为其间相似度并不高，从而持不同的看法，即认为不是同义词。”③ 由此可见，从认知语言学的角度来看，关于同义词的理论思考还可以进一步深化，可以继续讨论。

★推荐阅读书目

池昌海：《〈史记〉同义词研究》，上海古籍出版社 2002 年版。

---

① 王彤伟：《〈三国志〉同义词研究》，复旦大学 2007 年博士学位论文，第 23 页。

② 蓝纯：《认知语言学与隐喻研究》，外语教学与研究出版社 2005 年版，第 26 页，转引自王彤伟文，第 26 页。

③ 王彤伟《〈三国志〉同义词研究》，复旦大学 2007 年博士学位论文，第 26 页。

冯蒸:《说文同义词研究》，首都师范大学出版社 1995 年版。

黄金贵:《古代文化词义集类辨考》，上海教育出版社 1995 年版。

黄金贵:《古汉语同义词辨释论》，上海古籍出版社 2002 年版。

贾彦德:《汉语语义学》，北京大学出版社 1999 年版。

姜仁涛:《〈尔雅〉同义词研究》，中国文史出版社 2006 年版。

王凤阳:《古辞辨》，吉林文史出版社 1993 年版。

徐正考:《〈论衡〉同义词研究》，中国社会科学出版社 2004 年版。

曾昭聪:《古汉语神祀类同义词研究》，中国文史出版社 2005 年版。

赵学清:《〈韩非子〉同义词研究》，中国社会科学出版社 2004 年版。

张永言:《词汇学简论》，华中工学院出版社 1982 年版。

钟明立:《段注同义词考论》，中国文联出版社 2002 年版。

周文德:《〈孟子〉同义词研究》，巴蜀书社 2002 年版。

第七章　词的理据研究

第一节　词的理据及其研究意义

词源研究中一个重要内容就是探求事物的“得名之由”，也就是要探求词的理据。张永言先生说：“所谓词的内部形式又称词的词源结构或词的理据，它指的是被用作命名依据的事物的特征在词里的表现形式，也就是以某种语音表示某种意义的理由或根据。”① 蒋绍愚先生说：“‘追溯语源’还包括探求词的‘内部形式’。词的内部形式，就是用作命名根据的事物的特征在词里的表现，又叫词的理据。简单地说，探求词的‘内部形式’，就是要探求词的‘得名之由’。”② 伍铁平先生说道：“至于用‘长庚’、‘启明’、‘爱和美的女神’表示‘金星’，则是构词的理据，也就是命名的根据，或者用德国著名语言学家、普通语言学的创始人洪堡特的术语，叫做‘内部形式’。”③ 对词的得名之由进行探讨，也就是词的理据探讨。汉语中的词来源广泛，其中许多词的构词理据已经淹没在汉字字形的外衣之下，再加上方言词的语音形式多种多样，因而记录这些语音的汉字也就更加多种多样，如果仅仅是从字面上考虑词的词义和词源，往往会犯“望文

---

① 张永言：《关于“词的内部形式”》，载《语文学论集》（增补本），语文出版社 1999 年版，第 164 页。

② 蒋绍愚：《古汉语词汇纲要》，北京大学出版社 1989 年版，第 264 页。

③ 伍铁平：《论词义、词的客观所指和构词理据》，《现代外语》1994 年第 1 期。

生训”的毛病。因此，对词的理据进行研究也就具有十分重要的意义，这主要表现在以下几个方面：

（1）词的理据研究与汉语词汇史研究有密切关系。蒋绍愚先生说：“考释近代汉语的口语词，如果是为了阅读或编纂词典，那么弄清某词语是什么意思就可以了。但是，如果要对这个词语了解得深一些，就还需要推求语源。”①

（2）词的理据研究与辞书编纂有密切关系。语文辞书的主要任务是释词，但如果想要把一个词义的来龙去脉解释清楚，就得说明该词的理据。王力先生在谈到同源字研究的作用时曾经指出：“同源字的研究，有什么作用呢？第一，这是汉语史研究的一部分。从前，我们以为，在语言三大要素中，语音、语法都有很强的系统性，唯有词汇是一盘散沙。现在，通过同源词的研究，我们知道，有许多词都是互相联系着的。……第二，把同源字研究的结果编成字典，可以帮助人们更准确地理解字义。”② 对于词典编纂来说，能在词典中把词的词义说清楚当然是词典编纂者的主要目的，但如果同时还能说明该词的理据，则更有意义。

另外，传统训诂学尤其是清代学者对先秦两汉旧诂雅义的研究取得了很大的成绩，但正如王力先生所指出的：“如果为了编写一部汉语大辞典，古人的研究成果还是不够用的，因为，第一，他们只注意上古，不大注意中古以后的发展。第二，他们只注意单音词，不大注意复音词。所以这一方面的工作，还需要投入巨大的人力，才能有所成就的。”③ 如果我们对词的理据研究不够，那么对于整个汉语词汇史、现代汉语中某些词语的词源以至整个现代汉语（普通话及各大方言）就难以作出科学、全面的说

① 蒋绍愚：《近代汉语研究概要》，北京大学出版社 2005 年版，第 294 页。
② 王力：《同源字论》，载《同源字典》，商务印书馆 1982 年版，第 43 ~ 44 页。
③ 王力：《汉语史稿》，中华书局 1958 年版，第 563 页。

明，辞书编纂自然也难以精确。罗常培先生也曾经指出："金元戏曲中之方言俗语，今日流行于民间者尚多，惟董理无人，索解非易。"① 因此，词的理据研究对语文辞书编纂也有着重要意义。

（3）词的理据研究可以深化汉语造词法的研究。关于汉语造词法的研究已有不少成果。例如，《中国语言学大辞典》将"造词法"分为"词法学造词法"、"句法学造词法"、"修辞学造词法"、"语音学造词法"、"综合造词法"五种。其中的"语音学造词法"是"以取声为主，词素只表音不表义的造词方法。所有的造词原料是不表义的音节，可下分为：①取声命名式。如'布谷'、'知了'。②取声表情式。如'喂'、'嗯'。③单纯拟声式。如'咕咚'、'扑通'。④双声式。如'蜘蛛'、'琵琶'。⑤叠韵式。如'骆驼'、'蜻蜓'。⑥合音式。如'甭'（不+用）、'您'（你+心）。⑦音译式。如'麦克风'、'阿司匹林'"②。这里已经归纳得很多了。但是，学界已有的研究表明，方言词中的语音造词法不限于这七种。因为汉语方言中还存在大量的用虚假的谐音字来代替该用的本字的造词方法。③ 王念孙的《广雅疏证·释草》"苓耳"条说："草名取名于牛、马、羊、豕、鸡、狗者，不必皆有实事。"实际上说的就是草名中若有"牛、马、羊、豕、鸡、狗"，不一定与这些动物有关。这些动物名不过是虚假的表象，通过谐音可以找出其命名的真正理据。从这一角度进行研究，就是要进行谐音语理据研究。

关于词的理据研究的论文不少，请大家注意阅读参考。

---

① 罗常培：《徐嘉瑞〈金元戏曲方言考〉序》，商务印书馆1956年版，第1页。

② 陈海洋主编：《中国语言学大辞典》，江西教育出版社1991年版。

③ 刘敬林、刘瑞明：《北京方言词谐音语理据研究》，中国言实出版社2008年版，第10页。

第二节 古今词的理据研究及其方法

一、古代学者关于词的理据研究及其方法

我们曾经对古人的词的理据研究的方法进行探讨，对古人所探讨的事物得名之由的工作成果进行总结归纳。[①] 对于事物的得名之由，古人做了什么样的工作，我们今天又该怎样归纳呢？张永言先生说："每一种客观事物或现象都具有多方面的特征或标志，比如一定的形状、颜色、声音、气味等，但人们在给它命名的时候却只能选择其中的某一种特征或标志作为根据，而这种选择在一定程度上又是任意的。"[②] 著名藏语研究专家胡坦先生将藏语词汇分为两大类，一是随欲名，二是随立名。他将随立名的得名之由分为七种，即由形状得名、因用途得名、由颜色得名、由事物其他特点得名、由比喻或比况得名、由产地得名、由声音得名。[③] 这说明从不同的角度来为事物命名，是不同语言的共同情况。古人已经充分注意到事物的得名源自不同的角度，因此分别从不同的角度进行了探讨。《释名》是一部最早探求事物命名理据的词源学著作。《释名》主要采取当时盛行的声训方法探究事物得名由来、探求词源。刘熙认为，"名之于实，各有义类"，因此，事物的命名都有迹可寻，但"百姓日称而不知其所以之意，故撰天地、阴阳、四时、邦国、都鄙、车服、丧纪，下及民庶应

① 详参曾昭聪：《魏晋南北朝隋唐五代词源研究史略》，语文出版社2010年版。

② 张永言：《关于"词的内部形式"》，载《语文学论集》（增补本），语文出版社1999年版，第164～165页。

③ 胡坦：《藏语中的随欲名和随立名》，载《藏语研究文论》，中国藏学出版社2002年版。

用之器，论叙指归，谓之'释名'"。《释名》竭力摆脱声训的政治性，它站在较为客观的词源学立场来探求同源，因此，它的成就明显要高于汉代其他的声训。[①]

这里我们再以《水经注》和《酉阳杂俎》为例来说明古人是如何进行词的理据研究的。

关于《水经注》中对事物名称来源的探讨，张永言先生说："郦道元结合地名的研究提出来一个原理，即山川'以物色受名'。其中有的是'因声以纳称'，有的是'因色以纳称'，有的是'因形以纳称'，等等。"[②] 除声、色、形之外，还有以相关事物和社会文化背景以及性状命名的。

以声音命名的，例如，卷九"沁水"："又南与骉骉水合，水出东北巨骏山，乘高泻浪，触石流响，世人因声以纳称。"

以颜色命名的，例如，卷十二"巨马水"："左属白涧溪。水有二源，合注一川，川石皓然，望同积雪，故以物色受名。"

以形状命名的，例如，卷十"浊漳水"："漳水又东北，历望夫山，山之南有石人，竚于山上，状有怀于表，因以名焉。"

以相关事物（包括社会文化背景）命名的，例如，卷三"河水"："河水又东，枝津出焉。河水又东流，石门水南注之。水出石门山。《地理志》曰：北出石门障，即此山也。西北趣光禄城。甘露三年，呼韩邪单于还，诏遣长乐卫尉高昌侯董忠、车骑都尉韩昌等，将万六千骑，送单于居幕南保光禄。徐自为所筑城也，故城得其名矣。"

此外，还有因性状而得名的，例如，卷二十七"沔水"："沔水一名沮水，阚骃曰：以其初出沮洳然，故曰沮水也。"

---

① 参见曾昭聪：《形声字声符示源功能述论》，黄山书社 2002 年版，第 88 ~ 99 页。

② 张永言：《郦道元语言论拾零》，载《语文学论集》，语文出版社 1999 年增补本，第 159 页。

《酉阳杂俎》，唐段成式著。该书共三十卷（其中前集二十卷，续集十卷），《新唐书·艺文志》列入子录小说家类，它记述了古代中外传说、神话、故事、传奇、史料、民俗、物产，内容丰富多彩。此书关于词的理据的探讨表现在如下几个方面：

（1）有意识地揭示事物的得名之由，常用的术语有“故名”、“其声自号”、“因名为”、“因名之”、“因曰”、“故以为名”等。例如：

①前集卷十六《羽篇》：吐绶鸟，鱼复县南山有鸟大如鸲鹆，羽色（一曰毛）多黑，杂以黄白，头颊似雉，有时吐物长数寸，丹彩彪炳，形色类绶，因名为吐绶鸟。又食必蓄嗉，臆前大如斗，虑触其嗉，行每远草木，故一名避株鸟。

②前集卷十六《羽篇》：兜兜鸟，其声自号，正月以后作声，至五月节不知所在，其形似鸲鹆。

③前集卷十六《羽篇》：细鸟，汉武时毕勒国献细鸟，以方尺玉为笼，数百头状如蝇，声如鸿鹄，此国以候日，因名候日虫。集宫人衣，辄蒙爱幸。

④前集卷十七《鳞介篇》：千人捏，形似蟹，大如钱，殼甚固，壮夫极力捏之不死，俗言千人捏不死，因名焉。

以上所举诸例，分别是从不同的角度来揭示词源的。例①从行为、例②从声音、例③从功用、例④从性质分别揭示了事物的得名之由。

（2）解释了一批名物词的流俗称谓的来源。例如：

①前集卷十六《羽篇》：嗽金鸟，出昆明国，形如雀，色黄，常翱翔于海上。魏明帝时，其国来献此鸟，饴以真珠及龟脑，常吐金屑如粟，铸之，乃为器服。宫人争以鸟所吐金为钗珥，谓之辟寒金。以鸟不畏寒也。宫人相嘲弄曰：“不服辟寒金，那得帝王心。不服辟寒钿，那得帝王怜。”按：这里不但解释了“嗽金鸟”的得名之由，同时也用“以……也”解释了“辟寒金”的

得名之由。

②前集卷十七《鳞介篇》：鲭鱼，章安县出，出入鲭腹，子朝出索食，暮入母腹，腹中容四子。颊赤如金，甚健，网不能制，俗呼为河伯健儿。

③前集卷十七《鳞介篇》：鲎，雌常负雄而行，渔者必得其双，南人列肆卖之，雄者少肉。旧说过海辄相负于背，高尺余，如帆，乘风游行。今鲎殼上有一物，高七八寸，如石珊瑚，俗呼为鲎帆。

④前集卷十七《虫篇》：蝎，鼠负虫巨者多化为蝎。……江南旧无蝎，开元初，尝有一主簿竹筒盛过江，至今江南往往亦有，俗呼为主簿虫。

⑤续集卷八《支动》：南海有水族，前左脚长，前右脚短。……其声术术，南人呼为海术。

按：以上诸例，也是从各个不同的角度描述了俗名的来由，例①从功用、例②从性质、例③从外形、例④从来源（引进者、发现者）、例⑤从声音分别揭示了各种俗名的得名之由。

（3）通过对事物作详细描述，让读者看出该事物的得名之由。例如：

①前集卷十六《羽篇》：王母使者，齐郡函山有鸟，足青，嘴赤，黄素翼，绛颡，名王母使者。昔汉武登此山得玉函，长五寸。帝下山，玉函忽化为白鸟飞去。世传山上有王母药函，常令鸟守之。按：所谓“王母使者”得名于看守王母药函。

②前集卷十六《羽篇》：柴蒿，京之近山有柴蒿鸟，头有冠如戴胜，大若野鸡。

③前集卷十六《羽篇》：鬼车鸟，相传此鸟昔有十首，能收人魂，一首为犬所噬。秦中天阴，有时有声，声如力车鸣，或言是水鸡过也。

④前集卷十六《毛篇》：太原县北有银牛山，汉建武二十一

年有人骑白牛蹊人田，田父诃诘之，乃曰："吾北海使，将看天子登封。"遂乘牛上山，田父寻至山上，唯见牛迹，遗粪皆为银也。明年世祖封禅。按：此处记述"银牛山"的得名之由。

⑤前集卷十六《毛篇》：香狸，取其水道连囊，以酒浇，干之，其气如真麝。

⑥前集卷十八《木篇》：脂衣柰，汉时紫柰大如升，核紫花青，研之有汁，可漆。或著衣，不可浣也。

⑦前集卷十八《木篇》：安息香树，出波斯国，波斯呼为辟邪。树长三丈，皮色黄黑，叶有四角，经寒不凋，二月开花，黄色，花心微碧，不结实。刻其树皮，其胶如饴，名安息香。六七月坚凝，乃取之。烧之通神明，辟众恶。

⑧前集卷十九《草篇》：参成芝，断而可续。按："参"当理解为三。

我们可以通过他的描述看出该事物的得名之由。虽然有少数还只能说是流俗词源，但绝大部分应该还是可信的。

从行为动作和生活习性描述可见动物得名之由的是例①，从外形（形状、颜色等）描述可见其得名之由的是例②，从声音描述可见其得名之由的如例③，从典故描述可见其得名之由的如例④，从气味、味道描述以见其得名之由的如例⑤，从作用描述可见其得名之由的如例⑥，从产地描述可见其得名之由的如例⑦，从植物性状描述可见其得名之由的如例⑧。

特别值得一提的是，段成式还认识到音译外来词的理据不可从汉语推求。如前集卷十六《毛篇》："耶希，有鹿两头，食毒草，是其胎矢也。夷谓鹿为耶，矢为希。"按：此条疑有脱文。不过，"耶希"一词的得名之由我们还是能看出来的，即通过语音进行联系。这里认识到"夷谓……"即少数民族语言，是有眼光的。又如，前集卷十八《木篇》："贝多，出摩伽陀国，长六七丈，经冬不凋。此树有三种：一者多罗娑一曰婆力叉贝多，二者多梨婆一曰娑力叉贝多，三者部婆一曰娑力义多罗梨一曰多梨贝多。并书其叶，部阇一色取其皮书之。贝多是梵语，汉翻为叶，贝多婆一曰娑力叉者，汉言叶树也。西域经书，用此三种皮叶，若能保护，亦得五六百年。”按：这里说“贝多是梵语”，而不是硬从汉语求源，是很有见地的。①

二、当代学者关于词的理据研究的主要成果

关于当代词的理据研究已经有不少研究成果，大家可以参阅相关文献。我们这里以四位学者的相关研究为例进行说明。一是王艾录、司富珍先生的《语言理据研究》②，二是李海霞先生的《汉语动物命名研究》，三是谭宏姣先生的《古汉语植物命名研究》，四是刘瑞明先生关于方言词理据的相关研究。

1. 关于《语言理据研究》中的理据研究

《语言理据研究》对有关理据的理论、句法理据和语词理据三个方面都有独到而深入的研究。试以对理据性和任意性的关系研究为例作一说明。自从索绪尔的《普通语言学教程》问世以来，学界对于语言符号的“任意性”原则就争议不断。中外多数学者赞同索绪尔任意性的观点，也有人走向了以任意性否认理据性的极端；而少数学者则全盘否认任意性原则，并有人走向了以可论证性（理据性）否认任意性的另外一个极端。该书作者提出了自己独到的“任意性的理据制约”的观点：任意性和理据性同

① 古人的笔记中颇多关于词的理据探讨的内容。除笔者相关论文之外，还有李娟红《宋代笔记小说对词语理据的探求管窥》，《汉语史研究集刊》第十一辑，巴蜀书社2008年版。陈敏《宋人笔记与汉语词汇学》在第一章“宋人笔记的词汇学理论价值”中，亦对宋人笔记中的理据分析作了研究，见陈敏：《宋人笔记与汉语词汇学》，浙江大学2007年博士学位论文，第12~18页。

② 王艾录、司富珍：《语言理据研究》，中国社会科学出版社2002年版。

时存在，它们相互对立、相互补充、相互依存，共同决定着语言的命运。书中总结说，任意性是一个贯穿始终的变量，它的存在支持着语言的变异性、选择性和多样性；另一方面，理据性是一个普遍潜在的动因，它支持着语言的有序性、机制性和可证性。这是对索绪尔任意性理论的重要补充。

在理据研究的方法上，书中把单纯词的理据叫做原子理据，认为考证它们的理据就是考证最初音义结合的动因，这一方法叫做“单体历时式考证法”。它又可以分为直接考证法和间接考证法。合成词的情况比单纯词复杂得多，因为它是几个语素通过一定的语法关系组合在一起，形成某种“句段关系”。句段关系的形成意味着内部形式的产生，所以句段理据的考证采用先分解、后综合的步骤进行，这一方法叫做“分解综合式考证法”。从“原生理据”、“派生理据”到“句段理据”，从“原子理据”到“分子理据”，从“词内理据”到“词外理据”，从“单体式”到“综合式”，从“对号法”到“挂钩法”，等等。由此我们可以看出作者由许多具体的考证方法上升为一整套考证理据的方法论原则。

2. 关于《汉语动物命名研究》中的理据研究

《汉语动物命名研究》是第一部系统研究汉语中动物命名的著作。该书研究了汉语民间动物名称的命名理据、特点和规律，以及命名与认知、文化等的关系。该书研究认为，实物命名原则上都有一定理据。作者发现，绝大多数动物名的命名理据可以解说。所做的动物命名实验显示，98%的单音命名有理据。动物命名时采用三种方法制造单纯词：直接模仿对象的鸣声造词、借用意义相关的物名或属性名寄托新义、略为改变它们的读音造新词。动物命名有四大原则：近似和区别原则，这是认识事物的共性和个性不可偏废的两个方面；简洁原则，这是语词的工具性决定的；美的原则，有些动物名还有诉诸美感的需要。作者创造名素分析法，并以此测得动物名称的名素体现着视觉优势和圆形优势。作者提出要用“声象”这个术语来表示词的音义联系，指出人们探求语源的工作实际上是在探求声象。①

3. 关于《古汉语植物命名研究》中的理据研究

《古汉语植物命名研究》在名物命名的相对可论证性认识的基础上对古汉语植物命名进行较为全面、系统的研究，通过对单个植物命名的具体考释，总结和归纳了植物命名的特点和规律。该论文回顾和梳理了前人对植物命名的研究情况，指出以往释名存在的错误主要表现为：曲解名称词义、对释词选择不当、改字为训与释名迂曲、多种说解并存、误以修辞义为命名义、误解音译外来词。造成这些错误的主要原因有：比附字形、望文生义；滥用声转、误用声训；失考或误考源义素；囿拘旧说；简单袭误。论文通过与源义素的对比，分析了植物命名义的意义性质、构成及特征，即命名义是名物之名的得名之义，是词义中表现被用作命名依据的事物的表象特征的词义成分；其内在词义表现方式是指示义素与特征义素合成的义素组，外在词形表现方式是语素或语素组；命名义具有隐含性、具体性和复合性的词义特征。论文还总结了七种探求植物命名义的方法。② 总之，这是一篇系统探求汉语植物命名理据的论文。

4. 刘瑞明先生关于方言词谐音理据的研究

刘瑞明先生近年来对汉语方言词谐音语理据研究产生了浓厚兴趣，发表论文近五十篇，与刘敬林先生合著专著一部。他在一系列研究中，提出并证明了汉语有一种谐音造词法，特点是“隐实示虚，设难成趣”。这一研究结论是有开创性的。汉语方言词谐音语理据研究，在于探索出目前尚不为人知的构词理据。词源

① 李海霞：《汉语动物命名研究》，巴蜀书社2002年版。

② 谭宏姣：《古汉语植物命名研究》，中国社会科学出版社2008年版。

学方面的理论有一种“词源中断”的说法，方言词谐音语理据研究就是寻找业已中断的构词理据。张永言先生说道：“在语言发展过程中，由于一些词和语素消亡了或者它们的形、音、义有了变化，有的词可能跟它所由形成的词失去语义联系而孤立起来，从而其内部形式也就变得暧昧不明，以至为人们所遗忘。这种现象就是所谓词的理据磨灭或‘词源中断’（de-etymologisation）。尽管如此，我们借助于历史语言学和历史比较语言学的研究方法，诸如古音的重建、音变规律的确认、同根词或同族词的比勘、亲属语言里同源词的证合（identification），这类词的已经消失的内部形式往往还是可以重新探明的。”①

三、词的理据研究的注意要点

以上所列代表性论著及其所作的理据研究，在研究方法上多有创获。从正面来说，词的理据研究的方法需要注意如下几点：

（1）词的理据研究要注意系列性。所谓系列性，就是在探求某一词的理据时不能只局限于该方言，而要联系一系列的相关方言词或古语词，即横向系列或纵向系列，以探求该词的理据。例如：

“叠罗汉”一词，《现代汉语词典》解释说：“人上架人，重叠成各种形式，是体操、杂技表演项目之一。”《汉语大词典》、《上海方言词典》所释相同。刘瑞明先生认为，该词的字面是动宾式，但表演节目的人并非佛教的罗汉。事实上，该词的内部曲折形式和结构是“叠摞汉”的谐音。前两个字同义复说，“汉”指身体：俗语中“汉”可指人，如“蒙汉药”；可指人体，如

---

① 张永言：《关于“词的内部形式”》，载《语文学论集》（增补本），语文出版社1999年版，第167页。

“汉子”、“汉汉”、“汉仗”。《汉语大词典》：“汉仗：谓体貌雄伟。”《厦门方言词典》：“大母汉：大个子。”[①] 如此论述，以纵向系列为主而兼及横向系列，有力地论证了“叠罗汉”是“叠摞汉”的谐音。

又如，《福州方言词典》释“老虎”：“谑称买卖活动中的经纪人。”刘瑞明先生考证：“虎”当由“互”谐音，指在双方间交互联络。汉代设“互市”同少数民族贸易，可作翻译并作经纪人的叫“互郎”。唐代时，“互”字俗体略如“牙”，即末笔本作与竖笔相交的捺，因讹误成“牙”。后民间习叫“牙人”、“牙子”。宋代刘邠《贡父诗话》：“古称驵侩，今谓牙也。刘道原云：‘本称互郎，主互市，唐人书互为牙，因讹为牙。’理或信然。”敦煌藏经洞文卷中多见唐代“互”的俗体。福州话“老虎(互)”词仍保存了唐代之前的称名信息，十分有历史资料价值。[②] 也主要从纵向系列论述。

又如，《汉语大词典》“野鸡”条有五个义项，其中义项四是“不合规章而经营的”，例为“野鸡汽车”。义项五：“旧社会谓沿街拉客的游娼。”“野鸡”的游娼义是不是由比喻而来呢？刘瑞明先生考证，以“鸡”言“妓”是谐音隐实示虚的趣难。妓，平声支韵；鸡，平声齐韵。宋代已有此说法。《东京梦华录》卷二有“向东曰东鸡儿巷，向西曰西鸡儿巷，皆妓馆所居”语。“野凫”可以是“野鸡”的仿词，也可以是“野妇”的趣意谐音。香港粤语仿“鸡（妓）”的关系，把男妓趣说成“鸭”，又把“鸡（妓）”变说成“凤”，有“一楼一凤”的俗语，指分散的非妓院性质而为法律允许的个体户妓女。妓的卖淫是从事非法的性

① 刘瑞明：《含假“罗汉”、“观音”的趣难系列词》，《语言科学》2003 年第 4 期。

② 刘瑞明：《福州方言隐实示虚趣难词》，《福建师范大学学报》2003 年第 1 期。

关系，所以引申出“不合规章而经营的”一义，如“野鸡大学”、“野鸡公司”等说法。由“妓”而“鸡”的谐音及仿词就是探讨方言词谐音语理据的必然途径。[①]

（2）词的理据研究要与汉民族文化与民俗密切相关。从文化与民俗角度解析词的谐音理据，应该是大有作为的。例如：

“龙”是黄帝部落的图腾，以之命名的动物有如下情形：①无足而长形蜿蜒的，如小龙（蛇）、地龙（蚯蚓）、人龙（蛔虫）等；②有四足而长形蜿蜒的，如土龙、猪婆龙（均指鳄鱼）、吸壁龙（壁虎）等；③似传说中的龙的局部，如龙目（一种笠贝）、龙睛（鼓眼金鱼）等；④鲤类，因民俗有鲤鱼跳龙门化为龙之说，如稚龙（鲤）、龙公子（鲤）、代漏龙（赤鲤）等；⑤马类，因龙的正面似马脸，如骏马名有龙儿、龙子、龙孙、龙骧等；⑥体型巨大的动物，如海龙翁（鲸）、龙蝦等；⑦其他。[②]由此可见，许多词的命名理据正源于中国传统民俗。

元剧中把妻子称为“脚头妻”的例子很多。如元刊本《任风子》：“为神仙休了脚头妻，菜园中摔杀亲儿死。”多种语文辞书均释“脚头妻”为妻而避谈“脚头”。原来“脚头妻”者，乃“脚头齐”的谐音隐曲说法。男与女的头相对齐，脚也相对齐，就是指性事。“齐”早在汉代就可指性事，马王堆帛书房中术书《合阴阳》：“汤游于瑶台，陈□□十南宫，问男女之齐至相当，毋伤于身若何?”所谓“男女之齐至相当”，即性事频率的合宜度。《白虎通·嫁娶》：“妻者，齐也，与夫齐体。”《说文解字》：“妻，妇与己齐者也。”北朝乐府诗《幽州胡马客咏歌》：“……南山自言高，只与北山齐。女儿自言好，故入郎君抱。”寓意相

---

① 刘瑞明：《近代汉语隐实示虚趣难词》，载《语言》第四卷，首都师范大学出版社2003年版。

② 李海霞：《汉语动物命名研究》，巴蜀书社2002年版，第178～179页。

同。冯梦龙《山歌》卷四《姓》："郎姓齐，姐姓齐，赠嫁个丫头也姓齐。齐家囡儿嫁来齐家去，半夜三更齐对齐。"所谓"姓"谐音而实言"性"。《胡适文存》二集四卷《北京的平民文学》附录儿歌："天牌呀，地牌呀，奴不爱，只爱人牌对蛾牌。"借牌名说性事："人"与"我"对齐"排"起来。① 这样，多种文献中所钩稽出来的汉民族文化把"脚头妻"一词的理据完全说清楚了。

简单的例子也可以体现出中国的民俗文化。《北京方言词典》："观音镜：一种作为玩具的三棱镜。"刘瑞明先生说，此玩具即"万花筒"。所以，"观音"是"观影"的谐音成趣，"影"指景象。②

又如，关于"罗汉果"，多种方言词典均有收录，如《柳州方言词典》、《广州方言词典》等。《辞海》该条详言之："性凉，味甘，功能清肺润肠，主治百日咳、痰火咳嗽、血燥便秘等。"但不及"罗汉"名义。刘瑞明先生说，据"清热"的功效，知称名是由"落暵"谐音的。暵，义为热，字或从"火"，古语词。《易经》："燥万物者，莫暵于火。"可知此词当初应是通俗的：落汗果。③

（3）注意关键词素的研究。一个词可能由多个词素组成，探讨其构词理据要抓住关键词素。例如：

《汉语方言大词典》："猴年马月：参见'驴年马月'。"刘瑞明先生说："十二生肖中有猴与马，便非实指。此乃'何年吗月'

---

① 刘瑞明：《释"脚头妻"系列词语的文化内涵》，《宁夏大学学报》2009年第2期。

② 刘瑞明：《含假"罗汉"、"观音"的趣难系列词》，《语言科学》2003年第4期。

③ 刘瑞明：《含假"罗汉"、"观音"的趣难系列词》，《语言科学》2003年第4期。

的谐音，意为等候到何年何月呢?”[①] 又如，“兔子”在明代时本是称说妓女的市语，刘瑞明先生考其原因是用“兔”来作“秃”谐音，隐实示虚，设难成趣。“秃”即平义，指女阴其处不像男阴的突起。“兔崽子”中之“崽子”，以常义理解则可，非关键词素。[②]

（4）进行词的理据研究要加强理论方面的探讨。蒋绍愚先生谈道：“在扎扎实实地掌握材料，认真细致地分析材料的同时，要注意方法问题，加强理论思考。……我们所说的‘理论思考’，并不是指套用甚至比附某种时髦的‘理论’，给近代汉语穿上一件新奇的但根本不适体的外衣，而是在充分掌握汉语语言材料的基础上，一方面注意用正确的理论（包括那些从国外发展起来的，适合于汉语的理论、方法）进行观察、分析；另一方面，不仅要问个‘是什么’，而且要问个‘为什么’，即不但要正确地描写出近代汉语语音、语法、词汇的状况，而且要进一步探求隐藏在这种状况后面的语言发展规律和语言发展机制。”[③] 许光烈先生对词的理据研究颇多理论上的思考，他认为汉语中的大部分词具有理据性，论述了词的理据性与任意性、词的理据与词源、词的理据与语义结构的关系；同时对汉语词的理据类型作了分析归纳，将汉语词的理据分为摹声、语源、特征、替代、典故、简缩、禁忌等七种基本类型；在此基础上论述了汉语词的理据研究的意义。[④] 我们前面说到的四位有代表性的理据研究专家的著作都在不同程度上对其进行了理论的探讨，这一工作还可继续。总

① 刘瑞明：《现代汉语谐音趣难词例说》，《汉语学习》2004 年第 5 期。

② 刘瑞明：《近代汉语及方言趣难词“兔子”辨释》，《成都大学学报》2003 年第 3 期。

③ 蒋绍愚：《近十年间近代汉语研究的回顾与前瞻》，《古汉语研究》1998 年第 4 期。

④ 许光烈：《汉语词的理据及其基本类型》，《内蒙古民族师院学报》1994 年第 1 期。

之，汉语中的词的理据研究，就是立足于汉语发展的历史演变，并紧密结合汉民族传统文化与民俗来进行的一项研究。这样的研究还需要将不同的方言词、古语词联系起来以探索词的背后的理据。

四、词的理据研究要避免的问题

进行词的理据研究这项工作一定要注意方法，尽量避免方法上的失误，只有这样，我们才会在词的理据研究方面迈开坚实的步伐，取得扎实的成果。从反面来说，词的理据研究虽大有可为，而其事则难行。在研究中需要大胆假设，更需小心求证。词的理据研究要避免以下问题。

（1）臆断。郭在贻先生的《训诂学》中有“重证据，戒臆断”之说。[①] 古人也说：例不十，法不立。缺乏足够的证据和深入的论述，难以服人。黎良军先生已有相关评论。[②] 又如：

关于“江”、“河”的理据。《语言理据研究》说：“‘河’，其声‘可’；‘江’，其声‘工’，两条河流发出了不同的湍流声响，是由于它们的流量、地形等种种原因造成的，所以（黄）河不能叫做（长）江，反之亦然。”[③] 作者说黄河、长江的得名在于“两条河流发出了不同的湍流声响”，这是摹声说的观点。这是与传统观点一致的。过去人们认为，形声字的声符表示形声字的读音；作者大概由此推测，“河”、“江”的成词理据是河流的

---

① 郭在贻：《训诂学》，载《郭在贻文集》，中华书局2002年版，第一卷，第522页。

② 黎良军：《加强理据研究，探讨词内世界——〈汉语理据词典〉指瑕》，《辞书研究》2000年第4期。

③ 王艾录、司富珍：《语言理据研究》，中国社会科学出版社2002年版，第163页。

声音。但事实上，声符不仅仅与读音有关，它往往记录了词义的源义素，也就是通常所谓的“声符表义”（当然声符表义这一说法是不准确的，严格来说应叫声符示源）。黄金贵先生研究发现，“河”从可声，可声有大义。如“诃”是大言而怒；“閜”，大开，也是大杯之称；阿，大陵……因此，“河”就是大河、大水的意思。那么，长江何以称“江”？当然不是“大”义，因为“大”已属于黄河。长江是汇集支流与湖泊最多的河流，其支流有3 600多条，湖泊则集中了鄱阳湖、洞庭湖、洪泽湖、太湖四大淡水湖，古代还有云梦泽、彭蠡泽等著名大湖泊。长江之所以叫“江”，就是因为它的这一特点。从文字来看，“江”的声符是“工”，“工”通“公”声，《释名·释水》：“江，公也，诸水流入其中所公共也。”汉代的刘熙已经准确地揭示了“江”的理据（也是词源）。①

又如，关于“吃茶”的理据，《语言理据研究》引明郎瑛《七修类稿》说：“种茶下子，不可移植，移植则不复生也。故女子受聘，谓之吃茶。”② 作者同意这个理据。可是，下文说到“理据与名称”时举例说到“铁观音”的理据，“传说清乾隆时福建安溪有个叫魏饮的，虔诚信佛。后在一观音庙见一茶树，其叶闪闪发光，以为是观音赐给自己的，移栽于自己的院子里，……定名‘铁观音’”③。“吃茶”与“铁观音”的理据中，一说茶树不可移植，一说移栽，两者自相矛盾，必有一误（后者的可能性大一些，因为毕竟只是“传说”；“铁观音”的理据当只是流俗词源的观点）。

---

① 黄金贵：《古代文化词语图说（二）》，《杭州师范学院学报》1996年第5期。

② 王艾录、司富珍：《语言理据研究》，中国社会科学出版社2002年版，第280页。

③ 王艾录、司富珍：《语言理据研究》，中国社会科学出版社2002年版，第280页。

（2）民俗文化考察不够。例如，《语言理据研究》在探讨“脚牛”一词的理据时说：“公牛与母牛交配时，将前脚搭在母牛身上，称为‘搭脚’，故称。”[①] 按：把公牛叫“脚牛”，如同把公猪叫“脚猪”，并不是因为搭脚的原因（“搭脚”的“脚”与“脚猪”的“脚”理据并不相同），而是因为民俗中把雄性动物的性器官叫“脚”的缘故。赵国华《生殖崇拜文化论》：“至今民间仍有将雄性动物的阳具称为‘脚’的，如辽宁农村找种猪来给母猪配种，就是以脚计价，‘一脚’指交配一次。”[②] 同时，民间也多有用“腿”等字来表示与性有关的事情，如男女私情，许多地方称之为“有一腿”。“腿”表示男性生殖器，元杂剧中已见，清代小说《醒世姻缘传》中有“累不杀您旁人的腿事”之语。

与此相关的是另外一个地方关于“破鞋”的理据探讨。《语言理据研究》说：“解放前妓女们红颜渐减后揽不上生意，便去矿区、林区等地方寻找卖苦力的单身汉。她们经常奔走于崎岖不平的道路上，脚上软底绣鞋被磨破。矿区、林区的人一看见穿破损绣鞋的女人就知道她们是妓女，于是‘破鞋’一词就逐渐传开来。”[③] 按：这只能说是一种流俗词源的说法。鞋是用脚来穿的，脚多了，鞋焉有不破之理？这里所谓的脚，就是我们上面说到的“脚猪”的“脚”，暗指雄性动物的性器官。因之“破鞋”指什么不言自明。又书中说“解放前”，大概是指民国到解放这一段时间吧，可是“破鞋”一词早于明代就已出现。《钟馗斩鬼传》第八回：“若论他的本领，倒也跳得墙头，钻得狗洞，嫖得娼妓，

① 王艾录、司富珍：《语言理据研究》，中国社会科学出版社 2002 年版，第 232 页。

② 赵国华：《生殖崇拜文化论》，中国社会科学出版社 1990 年版。

③ 王艾录、司富珍：《语言理据研究》，中国社会科学出版社 2002 年版，第 242 页。

耍得破鞋。”

又如，《现代汉语词典》释“跑马”：“〈方〉遗精。”刘瑞明先生说：“‘马’不能指精液，词中无指精液的语素。谐音‘码’的‘连’义，指收敛、控制。词犹言因‘失控’而精液外流。把讳事借谐音趣难机制，变得可以明说而又雅说了。”① 按：此说亦欠精。汉民族文化中可用马喻指女子，与之相关，遗精现象早在《抱朴子》中已称为“走马”，当来源于性交如走马的观念。②“跑马”一词是古语词在方言中的残存与演变的结果。

（3）训诂研究欠精。例如，《北京方言词典》释“马趴”：“面向下跌倒，胸、腹、手、脚着地的姿态。”刘瑞明先生说它是“大趴码”的谐音：“大趴的样子。”③ 按：“马”的词源义有“大”的意思。《尔雅·释虫》“蛐马蜩”郭璞注：“蜩中最大者为马蜩。”《本草纲目·介部·马刀》：“俗称大为马。”章炳麟《新方言·释言》：“古人于大物辄冠马字，马蓝、马蓼、马薤、马蜩、马蚿是也。今淮南、山东谓大枣为马枣，广东谓大豆为马豆，通言谓大蚁为马蚁。”“马刀”、“马路”等词亦然。所谓“马趴”，即肢体张大趴在地上。

（4）论述过简。例如，近代汉语与当代不少方言用“小李、小俚”表示扒手。刘瑞明先生以为“小”指暗，“李、剺”谐音，指割。④ 论述过于简略，证据不足，难以服人。俞理明先生用两万字的长文考证了一系列相关词，认为表示偷窃行为的“剪绺”缩略为“绺”，再作“小绺”，因同音或音近而派生出“小

① 刘瑞明：《现代汉语谐音趣难词例说》，《汉语学习》2004年第5期。

② 杨琳：《汉语词汇与华夏文化》，语文出版社1996年版，第112～130页。

③ 刘敬林、刘瑞明：《北京方言词谐音语理据研究》，中国言实出版社2008年版，第19页。

④ 刘敬林、刘瑞明：《北京方言词谐音语理据研究》，中国言实出版社2008年版，第79～80页。

掳、小掠、小侣、小利、削利、小李”等形式；不同的书面形式，来源于口语中的同一原型。[①] 讨论详尽，结论更有说服力。

★推荐阅读书目

李海霞：《汉语动物命名研究》，巴蜀书社 2002 年版。

李海霞：《汉语动物命名考释》，巴蜀书社 2005 年版。

林艳：《英汉词汇理据性与应用研究》，中国书籍出版社 2009 年版。

刘敬林、刘瑞明：《北京方言词谐音语理据研究》，中国言实出版社 2008 年版。

陆宗达、王宁：《训诂与训诂学》，山西教育出版社 1996 年版。

罗常培：《语言与文化》，语文出版社 1996 年版。

任继昉：《汉语语源学》，重庆出版社 2004 年版。

孙雍长：《训诂原理》，语文出版社 1997 年版。

谭宏姣：《古汉语植物命名研究》，中国社会科学出版社 2008 年版。

王艾录、司富珍：《语言理据研究》，中国社会科学出版社 2002 年版。

张永言：《语文学论集》（增补本），语文出版社 1999 年版。

---

① 俞理明：《从“剪绺”到“小绺”“小李”和“二流子”——明清以来一组有关小偷和不务正业者的同源俗语词》，《中国俗文化研究》第五辑，巴蜀书社 2008 年版，第 136～143 页。

第八章　辞书研究

第一节　古代辞书研究

中国古代辞书数量很大，其中相当一部分又含有注释。从汉语词汇史与训诂研究的角度来说，辞书本身就是研究的对象；即使我们不专门研究辞书，辞书的作用也不可抹杀，我们在阐释字词意义、字形与语音时总是要用到辞书。因此，关于辞书史和辞书理论研究探讨的著作就比较多，例如，姜聿华先生的《中国传统语言学要籍述论》、刘叶秋先生的《中国字典史略》、苏宝荣先生的《词义研究与辞书释义》，曹聪孙先生的《词典释义的规范化进程》，赵振铎先生的《字典论》，黄建华先生的《词典论》，雍和明、罗振跃、张相明先生的《中国辞典史论》，章宜华、雍和明先生的《当代词典学》，等等。① 这方面的相关论文更多。尤其需要注意的是《辞书研究》杂志，从事相关研究的不可不读。

鉴于本书以词汇训诂为研究对象，所以我们不谈古代辞书的“形”与“音”问题，而只就“义”和语料发表一些意见。释义是辞书最重要的内容，一般我们谈辞书的释义是从它是否精确的

---

① 姜聿华：《中国传统语言学要籍述论》，书目文献出版社 1992 年版。刘叶秋：《中国字典史略》，中华书局 2003 年版。苏宝荣：《词义研究与辞书释义》，商务印书馆 2000 年版。曹聪孙：《词典释义的规范化进程》，上海辞书出版社 2001 年版。赵振铎：《字典论》，上海辞书出版社 2001 年版。黄建华：《词典论》，上海辞书出版社 2001 年版。雍和明、罗振跃、张相明：《中国辞典史论》，中华书局 2006 年版。章宜华、雍和明：《当代词典学》，商务印书馆 2007 年版。

角度来说的；但从事词汇训诂研究，仅这样还不够。因为释义所用的语言本身（语料）也是词汇训诂研究的对象。

这里仅以《尔雅·释诂》郭璞注中的双音词研究、明清俗语辞书为例谈谈古代辞书在汉语词汇史与汉语训诂研究方面的作用。

一、从《尔雅·释诂》郭璞注看双音词的发展

“双音化是汉语词汇史上的一个突出的现象。”[①] 中古时期是汉语词汇双音化的重要时期。中古时期的许多语料大家都注意到了，然注意到郭璞注中的双音词在研究汉语词汇双音化方面的重要作用的似乎还不多。

赵振铎先生说道：“魏晋时期的古书注释……从语言学上看，大多数注释都说不出有什么突出的成就。唯有郭璞对古书的注释值得引起注意。从表面上看，他和当时人写的注释没有两样，但是仔细研究，不难发现他在字里行间透露出的语言学观点和方法都有超越时人的地方。”[②] 赵先生因此在其《中国语言学史》中单列一节“语言学家郭璞”，总结了郭璞在语言学上的三个贡献：一是有比较明确的语言观念，二是重视他当时活的语言，三是在名物的训诂方面采取了描写的方式。[③]

考察郭注语言，发现他常常用双音词去解释单音词——这在他应该是有意的，赵振铎先生说到郭璞的语言学贡献之一就是“重视他当时活的语言”——因此，他的表述也就给我们今天研究魏晋时期的双音词留下了宝贵的资料。例如，《方言》卷一：

① 骆小平：《魏晋六朝汉语词汇双音化倾向三题》，《古汉语研究》1990年第4期。

② 赵振铎：《中国语言学史》，河北教育出版社2000年版，第142页。

③ 赵振铎：《中国语言学史》，河北教育出版社2000年版，第142~156页。

"钊、薄，勉也。秦晋曰钊或曰薄，故其鄙语曰薄努，犹勉努也。"郭璞于"勉也"下注："相劝勉也。"于"勉努"下注："如今人言努力也。"按："劝勉"犹劝导勉励，是沿用先秦已有的双音词，《管子·立政》："劝勉百姓，使力作毋偷。"而"努力"一词，最早的用例也不过是《汉书·翟方进传》中的"努力为诸生学问"，距郭璞时代并不遥远。

郭注中的双音词在《尔雅注疏》中表现得尤其明显。这种双音词在《尔雅注疏》[①] 中尤多。试以见于卷一《释诂上》和卷二《释诂下》郭注中的全部双音词为例（但不包含郭注沿用《尔雅》原文者），参照《汉语大词典》中的用例，可以看出郭注中的双音词在汉语词汇的双音化进程当中是有着重要作用的，对于汉语词汇史的研究也是有着重要作用的。

端绪，《释诂上》："舒、业、顺、叙，绪也。"郭注："四者又为端绪。"按："端绪"一词为魏晋时新词，义为头绪，《汉语大词典》此义项所举的最早用例是《淮南子·兵略》："一晦一明，孰知其端绪。"

对合，《释诂上》："敆、郃、盍、翕、仇、偶、妃、匹、会，合也。"郭注："皆谓对合也。"《汉语大词典》已收录此词，但只列一个义项："犹对半。多指利润或利息同本钱相等。"最早用例为明代《醒世恒言》。按：郭注"对合"是相对、相合之义。《汉语大词典》未收此义项。

当对，《释诂上》："妃、合、会，对也。"郭璞注："皆相当对。"即对等、匹敌。《汉语大词典》首例举郭注，次例为南朝宋刘义庆《世说新语·文学》："支道林初从东出，住东安寺中。王长史宿构精理，并撰其才藻，往与支语，不大当对。"可见，此

① 郭璞注、邢昺疏：《尔雅注疏》，上海古籍出版社 1995 年版（十三经注疏本）。

为晋代新词。

沉落，《释诂上》："陨、殒、湮、下、降、坠、摽、蘦，落也。"郭注："殒犹陨也，方俗语有轻重耳；湮，沉落也。"《汉语大词典》"沈落"条："亦作沉落。"义项一："坠落。"首例为丁玲《太阳照在桑干河上》用例，过晚。

高大，《释诂上》："乔、嵩、崇，高也。"郭注："皆高大貌。"《汉语大词典》"高大"条举五个义项，只有第二个义项"又高又大"与郭璞所说的"高大"一致，但《汉语大词典》所举首例为宋代苏轼散文例，过晚。

勉强，《释诂上》："骛、务、昏、暋，强也。"郭注："驰骛事物皆曰勉强。"当是尽力去做事情之义。《汉语大词典》义项一："尽力而为。"首例为《礼记》。可见，这是沿用上古汉语的词义。

赞勉，《释诂下》："诏、相、导、左、右、助，勴也。"郭注："勴谓赞勉。"按：宋邢昺疏："勴，助也。不以力助，以心助也。"故赞勉就是勉励、鼓励之义。《汉语大词典》未收。按：此词在宋代多有用例，例如，徐元杰《梅埜集》卷十二有《赞勉昶道者题经》诗，熊禾《勿轩集》卷二三《山郡泮五贤祠记》："因其行也，力赞勉之。"此后亦有沿用。明朱同撰《覆瓿集》卷五《石门读书图记》："以怡怡之情，兼切偲之道，资敏而志坚，学勤而行笃，方将交相赞勉而期其底于有成也。"（均据四库本）所以此词当作为双音词收录，而其最早源头则在郭注。

丰盛，《释诂下》："苞、芜、茂，丰也。"郭注："苞、丛、繁、芜，皆丰盛。"《汉语大词典》义项一："犹盛多。"首例《后汉书·皇后纪上·光武郭皇后》："赏赐金钱缣帛，丰盛莫比。"按：《后汉书》作者为南朝宋范晔，且所引为作者叙述用语，作者又略晚于郭璞，故郭注可提前《汉语大词典》的书证年代。

选择，《释诂下》："流、差、柬，择也。"郭注："皆选择。"《汉语大词典》义项一："挑选、选取。"首例《墨子》，则此词为沿用先秦旧词。

感思，《释诂下》："悠、伤、忧，思也。"郭注："皆感思也。"《汉语大词典》"感思"条："思念。"首例《南史·杨恽传》："初，恽父世隆弹琴，为士流第一，恽每奏其父曲，常感思。"过晚。

摩近，《释诂下》："蹶，汽也。"郭注："谓相摩近。"《汉语大词典》"摩近"条："接近。"首例举《淮南子》例："物类之相摩近而异门户者，众而难识也。"则可见此词产生在汉代，与晋代时距不大，郭璞是沿用汉代新词。

遭遇，《释诂下》："遘、逢，遇也。"郭注："谓相遭遇。"《汉语大词典》"遭遇"条义项一："犹遇到。"首例《史记》，可见其为汉代新词。

逃藏，《释诂下》："瘗、幽、隐、匿、蔽、窜，微也。"郭注："微谓逃窜也。"《汉语大词典》"逃窜"条："逃避隐藏。"首例为郭注例，则可知此词是晋代新词，郭注首次记录。

功业，《释诂下》："烈、绩，业也。"郭注："谓功业也。"《汉语大词典》义项一："功勋事业。"首例《易》，可知为先秦词。

功劳，《释诂下》："绩、熏，功也。"郭注："谓功劳也。"《汉语大词典》义项一："对事业的贡献；劳绩。"首例《管子》，可知为先秦词。

安静，《释诂下》："密、康，静也。"郭注："皆安静也。"《汉语大词典》义项一："安定，平静。"首例《管子》，可知为先秦词。

易直，《释诂下》："平、均、夷、弟，易也。"郭注："皆谓易直。"《汉语大词典》："平易正直，平易质直。"首例《礼记》，知其为先秦词。

弛放，《释诂下》："矢，驰也。"郭注："弛放。"《汉语大词典》："松弛。"举一例：宋苏轼《民政策》下之三："此非难办之事，是以不待非常之才而后能济，唯其弛放怠惰，是以至此。"过晚。

延易，《释诂下》："弛，易也。"郭注："相延易。"即松弛义。《汉语大词典》未收。宋李焘撰《续资治通鉴长编》卷二百二十五："贼若自武延易，臧川而来，即移静边兵驻隆德，扼贼归路。"（四库本）可见此词并非郭注独有，似当收。

弥离，《释诂下》："覭髳，茀离也。"郭注："谓草木之丛茸翳荟也。茀离即弥离，弥离犹蒙茏耳。孙叔然字别为义，失矣。"《汉语大词典》未收"弥离"一词。按：此词为联绵词，同"迷离"。迷离，《汉语大词典》释义为"模糊不清，难以分辨"。首例《乐府诗集·木兰诗》。按：郭注是"草木之丛茸翳荟"（邢昺疏："郭以时验而为此解"，说明当时确有此义），即草木茂盛；同时，郭注云"弥离犹蒙茏"，而"蒙茏"确有草木茂盛貌之义，《汉语大词典》已收，首例《汉书·晁错传》。则《汉语大词典》当增加一个义项，又当标明"又作弥离"。

迁徙，《释诂下》："迁、运，徙也。"郭注："今江东通言迁徙。"按：此词最早见于《荀子》，《汉语大词典》义项三："搬家，从一处搬到另一处。"首例汉代应劭《风俗通》。可知为汉代新义，晋代沿用。

游息，《释诂下》："栖迟、憩、休、苦、齂、𣤬、呬，息也。"郭注："栖迟，游息也。苦劳者宜止息。憩见《诗》；齂、𣤬、呬皆气息貌，今东齐呼息为呬也。"《汉语大词典》："游玩和休息。"首例汉代扬雄《逐贫赋》："贫遂不去，与我游息。"知为汉代新词。

险难，《释诂下》："阻、艰，难也。"郭注："皆险难。"《汉语大词典》："险阻艰难。"首例《楚辞·九歌·山鬼》："路险难兮独后来。"知郭注为沿用古义。

随从，《释诂下》："俾、拼、抨、使，从也。"郭注："四者又为随从。"《汉语大词典》义项一："跟随，跟从。"首例汉代刘向《列女传》，可知此词为汉代所产生。

御正，《释诂下》："董、督，正也。"郭注："皆谓御正。"《汉语大词典》义项一："控驭使不偏斜。"首例《管子》，知为上古词。

臻至，《释诂下》："荐、挚，臻也。"郭注："荐，进也；挚，至也。故皆为臻至也。"《汉语大词典》："谓极好，达到极点。"首例唐代裴铏《传奇·裴航》："别见一大第连云，珠扉晃日，内有帐幄屏帏，珠翠珍玩，莫不臻至。"过晚。

亲近，《释诂下》："迩、几、暱，近也。"郭注："暱，亲近也。"《汉语大词典》义项一："亲密接近。"首例《韩非子》，则此词为上古词。

静定，《释诂下》："貉、嗼、安，定也。"郭注："皆静定。见《诗》。"《汉语大词典》共四个义项：①"指道家的澄心静虑，守道不离。"举宋代《云笈七籤》例。②"指佛教的澄心静虑，坐禅入定。"举明代陶宗仪《辍耕录》例。③"平静凝滞。"举茅盾、叶圣陶作品例。④"平静安定。"举郭沫若作品例。按：邢昺疏证："《大雅·皇矣》云：'貉其德音'，毛传云：'貊，静也。'郑笺云：'德正应和曰貉。'嗼者，《皇矣》文云：'求民之莫'，郑笺云：'求民之定，谓所归就也。'貉貊嗼莫音义同。安者，《小雅·斯干》云'乃安斯寝'。"故郭注之义，当指平静安定。《汉语大词典》例证过晚，且义项顺序即词义引申过程亦排列不妥。

死亡，《释诂下》："崩、薨、无禄、卒、徂、落、殪，死也。"郭注："古者死亡，尊卑同称耳。"《汉语大词典》义项一：

"丧失生命。"举《左传》、《孟子》等例，则此词为沿用上古汉语固有之词。

按：以上双音词共29条，其中郭注沿用古词即《汉语大词典》所举书证为上古用例的有10条：勉强、选择、功业、功劳、安静、易直、险难、御正、新近、死亡；郭注沿用汉代新词的即《汉语大词典》所举书证为汉代的有6条：端绪、摩近、遭遇、迁徙、游息、随从；郭注采用晋代新词的有11条，其中，《汉语大词典》所举书证正好为郭注的有2条：当对、逃窜；《汉语大词典》所举书证晚于郭注的有7条：沉落、高大、丰盛、感思、弛放、臻至、静定；《汉语大词典》未收而见于郭注的有2条：赞勉、延易；郭注采用晋代新义即《汉语大词典》已收词但未收郭注中所表明的义项的有2条：对合、弥离。可见，《尔雅·释诂》中的郭注双音词有将近一半（29条中的13条）可以弥补《汉语大词典》的有关缺失，为双音词研究和辞书编纂作出了一定的贡献。

以上我们通过对郭注材料的发掘，分析了郭注双音词在汉语词汇双音化方面的作用和在汉语词汇史研究方面的作用，这可以印证本文开头所提到的赵振铎先生对郭注所作的评价。有关郭注的语言学成就的研究还需继续多角度、多方位地进行下去。

二、明清俗语辞书的语料价值

近代汉语词汇研究在近二十多年来发展很快，其中可以研究的材料还很多，明清俗语辞书就是一座有待大力挖掘的富矿。虽说历代训诂大师的兴趣几乎集中在先秦两汉的雅诂旧义上，对魏晋以下的白话文献和白话语汇关注甚少，但对明清以来大量出现的俗语辞书却是例外。明清俗语辞书很多，其中20种已收入日本汉学家长泽规矩也辑集的《明清俗语辞书集成》，1974年由日本汲古书院影印出版。[①] 这些辞书收录的多是“俗语”和“俗语词”，以“俗语词”为主，在中国古代辞书史上应该占有重要地位。

明清俗语辞书的语料价值体现在多个方面，尤其是对今天大型语文辞书的编纂有着极其重要的作用。从学术界的研究现状看，仅有个别学者以专文形式对这些辞书中的一两种进行过介绍或某一方面的研究[②]，或者在一些近代汉语词语考释论文或文化史论文中对这些辞书有过零星的引用，整体的、系统的研究成果至今未见。明清俗语辞书可以从多个不同的角度进行研究，因其数量很多，这里仅以《明清俗语辞书集成》所收录第一种俗语辞书《俚言解》为例谈谈明清俗语辞书的语料价值及其缺失。引文据上海古籍出版社 1987 年影印本。

《俚言解》，明陈士元撰。陈士元，字心叔，号养吾，又称环中迂叟，湖北德安府应城县人。其编写有明确的目的。《序》云：“乡俗常语，多有证据，听者玩熟而茫无考辨，则古圣察迩言何为哉！尝读《方言》，与今时所言颇不类，而《通俗文》并《释常谈》等书又指引不广。余暇日着《俚言解》六百八十八章，庶乎陪佳客之诙谐，共鸿儒而博论，不至面墙云尔。兹未能尽梓，

---

① 这20种辞书是：明陈上元《俚言解》、明陆嘘云《（新刻徽郡原板诸书直音）世事通考》、清顾张思《土风录》、清梁同书《直语补证》、清易本烺《常语搜》、清史梦兰《异号类编》、清梁章钜《称谓录》、清孙锦标《通俗常言疏证》、清西厓《谈徵》、清高某（静亭）《正音撮要》、清唐训方《里语徵实》、清蔡奭《（新刻）官话汇解便览》、清北洋陆军督练处《军语》、民国周起予《新名词训纂》、清李某（鉴堂）《俗语考原》、明张存绅《（增定）雅俗稽言》、明赵南星《目前集》、明周梦旸《常谈考误》、清郑志鸿《常语寻源》、清郝懿行《证俗文》。未收入《集成》的明清俗语辞书还有商务印书馆 1959 年出版的《〈迩言〉等五种》中的《迩言》、《释谚》、《语窦》、《俗说》四种，另有清翟灏《通俗编》、钱大昕《恒言录》、陈鳣《恒言广证》等。

② 如曾昭聪《读明清俗语辞书札记》，《古籍整理研究学刊》2003 年第 5 期；《当代权威词典应重视明清俗语辞书》，《语文建设通讯》第 76 期，2003 年 12 月。

聊录三百余章梓之。”知此书之作目的有三：一是寻求乡俗常语的理据；二是有意识地记录方言俗语，以弥补汉代扬雄《方言》不能反映后代方言以及《通俗文》及《释常谈》所记不广的不足；三是编定成书，以供查检，具有工具书的性质。《俚言解》虽分两卷，但卷内不分目，“大致按时令、人事、酒食、衣服、房屋等逐类辑集”（长泽规矩也解题）。

《俚言解》一书的语料价值（包括词目、释义、书证）表现在：

1. 记录了一大批俗语词，所引多种俗语词可供当代语文辞书有选择性地收录

当代大型语文辞书《汉语大词典》在编纂时已经注意到了《俚言解》，收录了一部分见于《俚言解》中的俗语词，例如，卷一“小尽大尽”条：“月满三十日为大尽，少一日为小尽。月之尽日犹年之除日也。……宋人以腊月二十四日为小节夜，三十日为大节夜，今称小年夜、大年夜。古今语大略相同。”按：《汉语大词典》收录有“大尽”、“小尽”、“小节夜”、“大节夜”、“小年夜”、“大年夜”词目。《汉语大词典》“小节夜”条举宋周密《武林旧事·岁除》：“禁中以腊月二十四日为小节夜，三十日为大节夜。”清褚人获《坚瓠续集·小尽大尽》：“宋人以腊月二十四日为小节夜，三十日为大节夜，今称小年夜、大年夜。古今语大略相同。”其中，《坚瓠续集·小尽大尽》内容完全袭自《俚言解》。又《大词典》“大年夜”条仍首引《坚瓠续集》例，均不妥，当引始见文献。另外，《大词典》“小年夜”条义项一举《俚言解》此例。能注意到明代俗语辞书，诚为难得。

又如，卷一“伯叔”条：“伯叔者，兄弟长幼之称，谓伯仲叔季之次。今人称伯父叔父止称‘伯叔’，如古兄弟长幼之称减去‘父’字，非礼也。又，妇称夫之兄弟曰‘伯叔’，或称‘伯公’、‘叔公’，或称‘伯伯’，皆俗呼也。《汉书·陈平传》：张

负以女孙妻平，戒之曰：‘事伯兄如事父，事嫂如母。’又《尔雅》：‘妇称夫之兄为兄公。’则‘伯公’之称，有自来矣。《容斋三笔》亦谓妇称夫之兄为‘伯’于书无所见。”按：上引语料中“伯叔”有二义，前者指“伯父叔父”，后者指“妇人称丈夫的兄弟”。《汉语大词典》均引《俚言解》上述材料为据，颇足称道。另“伯公”一词，《汉语大词典》亦已收录并以《俚言解》为据。但“叔公”、“伯伯”二词，《汉语大词典》均未收录“妇人称丈夫的兄弟”这一用法，可谓厚此薄彼。

由此可见，当代语文辞书虽然也注意到了《俚言解》中的俗语词，但总有一些相关问题处理得未能尽如人意。更多的情况是，《俚言解》中所记录的俗语词，当代语文辞书未能收录。例如：

【沾天雨】【征天雨】【进沾】【狗毛雨】卷一“沾天雨”条：“沾天雨，一曰征天雨。或以梅雨为征天，非也。自秋分后遇壬谓之进沾。其时多蒙密细雨，俗又呼狗毛雨。按《田家实录》：乡俗：以八月十三日至二十二日凡十日为詹家天，不论壬日也。谓詹氏曾以此月战斗旬日，能兴雾雨，死为神，有细雨之验。其说甚谬。田家五行：沾天雨忌栽种。”按：其中“沾天雨”、“征天雨”、“进沾”、“狗毛雨”等词，《汉语大词典》均未收录。

【拜冬】卷一“拜冬”条：“冬至称贺，谓之拜冬。然冬至贺而夏至不贺者，汉《杂事》云：‘冬至阳事起，君子道长’，故贺；‘夏至阴事起，君子道消’，故不贺。”又，同为明清俗语辞书的《土风录》卷一：“冬至日相揖贺曰拜冬。……”按：“拜冬”一词，《汉语大词典》未收录。然收有“贺冬”一词。古籍中“贺冬”用例较多，而“拜冬”大概不常用，但《俚言解》已收录，可知亦为明代口语，辞书亦当收录。至少在“贺冬”词条下需注明“亦作‘拜冬’”。

【粉明】【坌明】卷一“黎明”条：“天将明未明谓之黎明。

《汉书·高祖纪》：‘黎明，围宛城三匝。’《吕后纪》：‘黎明，孝惠还。’《史记》‘黎’作‘犂’，古字通用。《武帝纪》：‘路博德招南越，黎旦，城中皆降。’索隐注：‘黎犹比也，比至天明也。’一说，黎，黑也，天将明而犹黑也。《史记·项籍本纪》：‘平明，汉军乃觉之。’平明，未甚明也。即《孟子》‘平旦’，俗又称‘粉明’，或作‘坌明’。坌，黑色土也，即黎意。”按：俗语词“粉明”、“坌明”，《汉语大词典》均未收录。

【老户】【新户】卷一“土著”条：“土著之民，附名版籍，入籍年久为老户，年近为新户。……”按：“老户”、“新户”，《大词典》未收录。

【土注】【土翳】卷一“犯土”条：“今世俗营建宅舍，偶有疾病，辄云‘犯土’。虽未营建而忽然身肿，辄云‘土注’，或目瞳有翳，辄云‘土翳’。故道家有谢土章醮之科。《汉书》：安帝时皇太子惊病不安，避幸乳母王圣舍。太子厨监邴吉以为圣舍新缮修，犯土禁，不可久御。是古有其说矣。”按：此条内容本于宋洪迈《容斋随笔·四笔》卷一“缮修犯土”条：“今世俗营建宅舍，或小遭疾厄，皆云‘犯土’，故道家有谢土司章醮之文。按：《后汉书·来历传》所载安帝时皇太子惊病不安，避幸乳母野王君王圣舍。太子厨监邴吉以为圣舍新缮修，犯土禁，不可久御。然则古有其说矣。”所不同者，《俚言解》有“虽未营建而忽然身肿，辄云‘土注’，或目瞳有翳，辄云‘土翳’”语。“土注”、“土翳”，《汉语大词典》未收录。

【上马台】【上马石】卷一“上马台”条：“上马台，又称上马石，即古之乘石也。《周礼》‘隶仆下士二人，王行，洗乘石。’郑司农注：‘王登上车之石也。’……今时则不然，公门设乘石以候吏书乘马，而乡村稍有力者亦设乘石门外矣。”按：俗语词“上马台”、“上马石”，《汉语大词典》未收。“上马台”又见于明陆容《菽园杂记》卷十一：“洪武、永乐间，大臣无乘轿者，观两京诸司仪门外各有上马台可知矣。”“上马石”，《太平广记》卷六〇“郝姑”条引《莫州图经》：“于祠前忽生青石一所，纵横可三尺余，高二尺余，有旧题云：‘此是姑夫上马石。’”清代小说用例甚多。如《红楼真梦》第五十八回：“见那门口是一行槐树，栅栏门外左右各有上马石。”《彭公案》第六十回：“到十字街西边，路北大门里面房屋甚多，都是楼台亭阁，门外有上马石两块，大门横挂一块匾，上写泥金大字，是‘策名天府’。”《济公全传》第一六七回：“牛盖拿着火烧、羊肉来在一条胡同，见一家门首有上马石，牛盖就把火烧往石头上一放，打算要坐在这里吃。”

【打堶】卷一“儿童打堶”条：“儿童打子之戏，抛瓦堶以赌胜负。堶音驼。即宋时寒食抛堶之戏也。梅都官《禁烟》诗：‘窈窕踏歌相把袂，轻烟赌胜各分堶。’或云，抛堶之戏起于尧之击壤。”按：《汉语大词典》收“抛堶”、“蹀堶”、“飞堶”词条，但未收“打堶”。

【敤席】卷二“敤席”条：“敤音铳，《字学集要》：饮酒不请自来曰敤席。俗作冲席。”（P30）按：《汉语大字典》据《广韵》该字徂送切，音 zòng，又“敠”字下“敠敤”注：“不请自来。《广韵·末韵》：‘敠，敠敤，食不唤自来。’《类篇·支部》：‘敠，敠敤，不迎自来也。’”《大词典》未收“敤席”、“冲席”，亦未收《汉语大字典》已录、见于《广韵》和《类篇》中的“敠敤”，仅收与之同义的“撞席”一词。释义：“未受邀请而赴宴。”举三例，首例是元王子一《误入桃源》第三折：“你把柴门紧紧的闭上，倘有撞席的人，休放他进来。”按：“撞席”、“冲席”均当是“敤席”一词的变体。“敤”从聚从攴，义当是冲散他人聚会，当是表示“饮酒不请自来”这一意思的本字。

2. *为当代辞书增补义项*

【家堂】卷一“家严”条：“俗称父曰家严。《易》曰：‘家人有严君焉，父母之谓也。’父既称严，则母亦可以称严矣。俗称母曰‘家慈’，而《登科同年录》亦有‘严侍君兹’之别。荆公诗：‘慰我堂上慈。’盖言母也。而《左传》六顺：父慈、子孝。《大学》：‘为人父，止于慈。’则父亦可以称慈也。又有称母为‘家堂’者，盖取北堂之义。然父母俱在高堂，父不可以称堂乎？俗称母为‘慈’为‘堂’，确然不可易，盖相沿久矣。”按：此云“又有称母为‘家堂’者，盖取北堂之义”，《汉语大词典》“家堂”条仅收“家中的堂屋”与“本指安放祖先神位的屋宇，多借指祖先的神位”两个义项，缺收“指母亲”这一义项，当补。

【下陈】卷一“下陈”条：“今称廪给为下陈，古以妾媵为下陈。……今未有呼妾媵为下陈者。”按：所谓“廪给”，即俸禄、薪给，由《俚言解》明代称之为“下陈”。《汉语大词典》未收此义项。按：“下陈”本指古代殿堂下陈放礼品、站列婢妾的地方，多借指后宫中地位低下的姬侍。但由陈放礼品的地方引申指俸禄、薪给，似也说得过去。此谓“今称廪给为下陈”，或为湖北方言词。

【骨董】卷二“骨董”条：“以鱼肉诸物埋饭中谓之骨董饭，和羹中谓之骨董羹。又，贸易杂物谓之骨董货。陆道士诗：投胶骨董羹锅内，掘窖盘游饭盌中。《仇池笔记》作‘谷董’。”按：此释“骨董”二义，一可指杂有鱼肉的饮食，此义《汉语大词典》未收录；二指“贸易杂物谓之骨董货”，这一义项与《汉语大词典》义项三“指琐杂的事物”相近。其后所举陆道士诗中“骨董”乃是前一义的书证。此例出于宋代，原作“谷董”。旧题宋苏轼《仇池笔记》卷下“盘遊饭谷董羹”条：“江南人好作盘遊饭，鲊脯鲙炙，无不有埋在饭中，里谚曰‘掘得窖子’。罗浮颍老取凡饮食杂烹之，名谷董羹。诗人陆道士出一联云：投醪谷董羹锅内，掘窖盘遊饭盌中。”宋胡仔《渔隐丛话》前集卷三十九所记略同。由此可知，“骨董”（或“谷董”）指“杂有鱼肉的饮食”，宋代已然。《汉语大词典》收有“谷董羹”一词，举《历代诗话》卷五九引宋陆道士诗与《仇池笔记·盘游饭谷董羹》例。按：据《俚言解》，知明代尚有“骨董饭”，如此，似亦当收录“骨董饭”。但据《俚言解》，骨董饭与骨董羹均是以鱼肉等埋于其中，故此“骨董”一词需增加一个义项；同时，“谷董羹”一词须改为“谷董”，并注明参见“骨董”该义项。

3. 修正辞书释义

【发性】卷一“发性”条：“俗呼暴怒曰发性。《笠泽丛书》：‘先主性狷急，遇事发作，辄不能忍，寻复悔之。’发作二字亦俗语。”按：《汉语大词典》“发性”条义项二释义为“发脾气”。举一例：《醒世恒言·陈多寿生死夫妻》：“朱世远是本分之人，见浑家发性，拦他不住，洋洋的躲开去了。”《俚言解》可在以下两个方面弥补《汉语大词典》之不足。

关于释义。《汉语大词典》释为“发脾气”，《俚言解》释为“暴怒”，以《醒世恒言》例来看，当释作“暴怒”或“大发脾气”。引例上文：“一日，柳氏偶然收拾橱柜子，看见了象棋盘和那棋子，不觉勃然发怒，又骂起丈夫来，道：‘你两个老忘八，只为这几着象棋上说得着，对了亲，赚了我女儿，还要留这祸胎怎的！’一头说，一头走到门前，把那象棋子乱撒在街上，棋盘也掼作几片。”可见，“发性”不是一般的发脾气。又如，明罗懋登《三宝太监西洋记》第十二回：“却说这个万岁爷终是个皇王气度，天地无私。看见那个和尚没有个人保，他坐在九龙墩榻上，连声问道：‘文武班中何人肯保僧家？’一连问了几遍，只见班部中鸦鹊不鸣，风停草止。……万岁爷问得发性，坐在九龙墩榻上问道：‘怎么保和尚的不见出来？’”又第四十四回：“老母道：‘祖师，你莫怪我说，当初那里有这等的世界，那里有这等的名山？亏了我治世之功。你今日既不肯去，我把天下的山都收了他，看你睡在那里。’陈希夷看见老母发性，只得勉强依从，说道：‘老祖师不须急性，贫道就去。’”清魏秀仁《花月痕》第二十七回：“忽听得哗喇一声，吓了一跳。回头见满地残羹冷菜，秋痕满脸怒容，坐在椅上，只是喘气，两个丫环和一个打杂的，眼睁睁的瞧着。痴珠忙问怎的？秋痕一语不发，打杂的说：‘我们好端端送饭上来，姑娘发气，将菜盘全行砸下。’痴珠便含笑说道：‘不是姑娘发性，是你失手，碰一下，你们不小心，天冷手僵，自然掀下地来。’”清坑余生《续济公传》第四十九回：“李顺站在旁边，一味应酬济公，人家酒客叫他，他那里还听得，弄得人家动火发性子，敲台拍桌，闹个不了。”清华阳散人《鸳鸯针》第三回：“那些人道：‘大爷前日的文章，说都是你做的，故此叫你去。老爷发性哩！你去讨仔细。’”

关于例证的时代性问题。陈士元生于明正德十一年，卒于万历二十五年；冯梦龙生于万历二年，要略晚于陈士元。《醒世恒言》的刊刻也要晚于《俚言解》。虽然相差不多，但编纂大型语文辞书时如果能将《俚言解》材料（“俗呼暴怒曰发性”）置于《醒世恒言》之前似更好，同时以上数例又可以弥补《汉语大词典》此义项单例孤证之缺失。

顺便一说，“发性”尚有其他含义，《汉语大词典》未及收录。明张应俞《杜骗新书》第七类《引赌骗》：“公子以输多，发怒要赌。获溪亦发大言曰：‘若再来，须百金一堆，不然且罢。’公子先取定银，在以一百为堆，细卿故执骰不与。公子大怒曰：‘只凭一掷，随有无便罢。’细卿付还骰，公子一掷即胜，得百金，曰：‘更照前一堆。’又胜。曰：‘吾生平好大不好细，须二百为堆。’方发性间，门外火把轿来，慌入报曰：‘老爷跟寻至急，可速回去。’公子曰：‘我色方来，奈何阻我兴。’”此“发性”义为恣意爽快。清陈少海《红楼复梦》第四十一回：“荣府的车马进了城来，牲口正走的发性，收勒不住。”义同。

【缦裆袴】卷二“缦裆袴”条：“袴与裤同。今之缦裆袴即宋人之裩裆袴也。其制长而多带，下及足踝，上连胸腹，江湘渔人寒天举网多用之。《汉书·外戚传》：‘霍光欲皇后擅宠有子，虽宫人使令皆为穷袴，多其带，后宫莫有进者。’注：‘穷袴即裩裆袴。穷，极也。前后多带，使不便行淫。’”按：由此知“缦裆袴”，“即宋人之裩裆袴也。其制长而多带，下及足踝，上连胸腹”。《清平山堂话本·杨温拦路虎传》：“纻丝袍，束腰衬体；鼠腰兜，柰（奈）口慢裆。”“慢裆”即“缦裆”。《汉语大词典》“缦裆袴”释义：“不开裆的裤。”仅举一例：《梁书·诸夷传·高昌国》：“国人言语与中国略同……辫发垂之于背，着长身小袖袍、缦裆袴。”仅释作“不开裆的裤”，释义欠确。

4. 补正辞书书证过晚或无书证之不足

【入梅】卷一“梅雨”条引多种书证述“入梅”、“出梅”进入梅雨季节与梅雨季节结束之期，《汉语大词典》“入梅”条首举宋人例：宋陆游《入梅》诗：“微雨轻云已入梅，石榴萱草一时开。”宋陈元靓《岁时广记·夏黄梅雨》：“《四时纂要》云：‘梅熟而雨曰梅雨。’又闽人以立夏后逢庚日为入梅，芒种后逢壬日为出梅。”而“出梅”条仅举鲁迅文例，不妥。除《汉语大词典》“入梅”条中的《岁时广记》即可补之外，《俚言解》所引宋陆佃《埤雅》等亦可补之。

【雷同】卷一“雷同”条：“言语文词相同谓之雷同。《曲礼》‘无雷同’注：‘雷之发声，物无不同时应者。’《楚辞·九辨（辩）》‘世雷同而炫曜’晦庵注：‘雷声相似，有同无异也。’《后汉书·朱晖（传）》云：‘顺旨雷同’注：‘雷震惊百里。’而《周礼》‘百里一同。’故事无可否而同之者谓之雷同。”按：《俚言解》义项“言语文词相同谓之雷同”证明，明代已经有了这样的用法。《汉语大词典》“雷同”条义项二：“泛指相同。”举清钱泳《履园丛话·艺能·营造》：“造屋之工，当以扬州为第一，如作文之有变换，无雷同。”又举当代作家文例，书证过晚。

【洗三】卷一“三朝满月”条：“生子三日谓之三朝，是日祭祖先，洗儿，灸脐，称洗三。……”按：《汉语大词典》“洗三”条首例举清代小说《醒世姻缘传》第二一回例：“看孩子‘洗三’的亲眷们，也有银子的，也有铜钱的，厚薄不等，都着在盆里，叫是‘添盆’。”过晚。

【家慈】卷一“家严”条：“俗称父曰家严。《易》曰：‘家人有严君焉，父母之谓也。’父既称严，则母亦可以称严矣。俗称母曰‘家慈’，而《登科同年录》亦有‘严侍君兹’之别。荆公诗：‘慰我堂上慈。’盖言母也。而《左传》六顺：父慈、子孝。《大学》：‘为人父，止于慈。’则父亦可以称慈也。又有称母为家堂者。盖取北堂之义。然父母俱在高堂，父不可以称堂乎？俗称母为‘慈’为‘堂’，确然不可易，盖相沿久矣。”按：此云“俗称母曰‘家慈’”。《汉语大词典》“家慈”条：“对人称自己的母亲。”举一例：清胡寿颐《小螺庵病榻忆语跋》：“女史亡矣！张姥犹时为予述往时携女史钗钿求家慈修饰，家慈恒乐为之劳。”稍过晚。

【温居】卷一“暖房筵”条：“男婚之夕，女家设燕，谓之暖房筵。此风不知何所起。……今人移居，亲友携酒肴会集，亦曰‘暖房’，又曰‘温居’。”按：《汉语大词典》“温居”条：“旧时指前往亲友新居贺喜。”举《醒世姻缘传》第二五回：“狄员外敛了些街坊与他去送锅，狄员外的娘子也过日办了礼去与薛教授的夫人温居。”又举第三五回例。稍过晚。

【吺諮】【□搭】【毾㲪】卷一“吺諮”条：“言语烦琐谓之吺諮，音兜答。《集韵》注：‘多言也。’又，行事缠绕曰□搭，言其不断截也。夷人之服名毾㲪，亦音兜答。《秋林伐山》：‘今人称性劣者为毾㲪’，又云‘此语不可解’。余谓《秋林伐山》岂以音同而误邪？”按：吺諮、□搭、毾㲪，语音相同，意义相关，是一组同源词。“哆譗”是言语烦琐；“□搭”是行事缠绕；“毵毵”是夷人之服，多装饰，佩件等（引申指人性劣）。均有“繁多”义。明杨慎《艺林伐山》称“今人称性劣者为毵毵”，“不可解”，其实并非是“毵毵”误记而音同致误，而是未意识到词义引申。《汉语大词典》“哆譗”条：“多话；做事不爽利。”举清唐训方《里语征实》卷中下：“哆譗，音兜搭；多言也。又行事缠扰曰哆譗。”按：《里语征实》似袭《俚言解》而来，又晚于《俚言解》，举此例不当，当举《俚言解》例。

不可否认，与所有的明清俗语辞书一样，《俚言解》的语料也有相当一部分是有问题的，我们利用这些语料时要特别注意。其缺失主要表现在：

1. 词目与释义、词目与书证、释义与书证不一致

卷一“漏天”条：“俗憾久雨不晴谓之天漏。杜诗：‘鼓角漏天东。’又‘猛欲诛云师，畴能补天漏。’又‘地近漏天终岁雨。’注云：‘梁益四时多雨，俗称漏天。’”按：此条以“漏天”立目，释义中作“天漏”，书证中“漏天”、“天漏”并出。虽然词义一致，但毕竟是两个不同的词。

卷一“崖岸”条：“倨傲自尊大谓之立崖岸。《前汉书》：‘江充容貌魁岸’，师古注：‘岸者，有廉棱，如崖岸形。’《唐书》：‘吉琐魁岸辨口。’”按：词目为“崖岸”，而两书证皆作“魁岸”，不相一致。假设词目为“魁岸”，释义与书证亦不统一：书证中《汉书》“魁岸”为“魁梧高大”义，非《俚言解》所谓“倨傲自尊大”义。《旧唐书》例，引文不确，查无此语。不过“崖岸”或“立崖岸”倒确实有“倨傲自尊大”之义。《宋史》卷三九〇《王自中传》：“王自中，字道甫，温州平阳人。少负奇气，自立崖岸，繇是忤世。”宋赵汝愚编《宋名臣奏议》卷四十八载范祖禹《上哲宗论吕大防刘挚》：“然其为人粗疎果敢，好立崖岸，简于接物，士大夫多不亲附。”《汉语大词典》“崖岸”条

义项三："矜庄；孤高"，与此同。

卷一"儿童打堶"条："儿童打子之戏，抛瓦堶以赌胜负。堶音驼。即宋时寒食抛堶之戏也。梅都官《禁烟》诗：'窈窕踏歌相把袂，轻烟赌胜各分堶。'或云，抛堶之戏起于尧之击壤。"按：词目为"儿童打堶"，但所举书证为"分堶"，而"分"字亦误引，当作"飞"字。

2. 有典故、用例而无明确释义或释义不确

卷一"有脚阳春"条："宋璟爱民惜物，朝野归美，人称有脚阳春。出《天宝遗事》。杨诚斋《送赵山父》诗：'阳春有脚来江城。'"按：《汉语大词典》"有脚阳春"条："对官吏施行德政的颂词。典出五代王仁裕《开元天宝遗事·有脚阳春》……"无明确释义，读者可以领会词义即"爱民惜物"，但不够准确。这或许是古代笔记体辞书的一个通例。

卷二"首饰"条："妇女首饰，古称翠翘。古以男子之冠为首饰。《后汉·舆服志》：'秦加武将首饰为绛帻，以表贵贱。'"按：翠翘是古代妇人首饰的一种。状似翠鸟尾上的长羽，故名。唐韦应物《长安道》诗："丽人绮阁情飘飖，头上鸳钗双翠翘。"并非妇女首饰均称翠翘。首饰，《汉语大词典》义项一："戴在头上的装饰品。"《汉书·王莽传上》："百岁之母，孩提之子，同时断斩，悬头竿杪，珠珥在耳，首饰犹存，为计若此，岂不悖哉！"男子头饰当然包括在其中，也并非仅指男子头饰。

3. 最早用例不确

卷一"腊月"条："唐武后载初元年称十二月为腊月，俗语本此。……"按：此不确。《史记·陈涉世家》："腊月，陈王之汝阴，还至下城父。"

卷一"年纪"条："俗问岁数曰多少年纪。裴直诗：'自知年纪偏应少，先把屠苏不让春。'坡诗：'有一老翁老无齿，处处无人问年纪。'"按："年纪"表年龄义，最早用例当是汉曹操《让

县自明本志令》："去官之后，年纪尚少。"

4. 引文不确

引文不确的情况在古人笔下很常见，《俚言解》中也很多。不烦一一列举。兹举一例因引文不确而致释义不确的例子。

卷一"漏天"条："俗憾久雨不晴谓之天漏。杜诗：'鼓角漏天东。'又'猛欲诛云师，畴能补天漏。'又'地近漏天终岁雨。'注云：'梁益四时多雨，俗称漏天。'"按："鼓角漏天东"出杜诗《陪章留后侍御宴南楼》："朝廷烧栈北，鼓角漏天东。"杨伦笺注："《梁益记》：'雅州西北有大、小漏天，以其西北阴盛常雨，如天之漏也。'"则其中"漏天"为地名，在今四川省雅安县境，以其地多雨，故称。《康熙字典》"天"字下注："又地名。《蜀地志》：蜀卭僰山后四野无晴日，曰漏天。"宋晁说之《晁氏客语》："雅州蒙山常阴雨，谓之漏天。产茶极佳，味如建品。纯夫有诗云：'漏天常泄雨，蒙顶半藏云'，为此也。"作为地名的词源是久雨、多雨，但杜诗乃是用作地名，故举此例不妥。另有人以为"漏天"是"满天"之误，详明唐元竑《杜诗捃》卷二。

又第三例亦不妥。所云出杜诗，但杜诗并未有此语。杜甫《暮春》诗"楚天不断四时雨"，宋郭知达编《九家集注杜诗》卷二十八于此下注："古诗：地近漏天经细雨。"宋佚名《锦绣万花谷》前集卷一："漏天：蜀有地名漏天。古诗：地近漏天终岁雨。出杜诗注。""出杜诗注"原为双行小字。杜诗《九日寄岑参》"畴能补天漏"，宋黄希《补注杜诗》卷一："赵曰：蜀有地名漏天。古诗：地近漏天终岁雨。"杜甫《暮春》诗"楚天不断四时雨"。《补注杜诗》卷二十八："苏曰：蜀卭僰山后四时常无晴日，梁益称为漏天。古诗：地近漏天经岁雨。"后人误此语为杜诗。明徐应秋《玉芝堂谈荟》卷十九："杜诗：地近漏天终岁雨。注：梁益之间，四时多雨，俗称漏天。"其误与《俚言解》

同，或引自《俚言解》。《康熙字典》“天”字下亦误引。今人述及雅安县多雨时多引此语，不知此语并非杜诗也。然即使作为古诗，亦不适合作为“漏天”词条的书证，因其亦为地名。

如此，则只有第二例确凿，但第二例是“天漏”，而词目是“漏天”，两者不相一致。

5. 无引文出处

此乃古人通例。例如，卷一“向火乞儿”条：“谄人趋炎附势曰向火乞儿。张九龄见朝士趋附杨国忠以求官，语人曰：‘此曹皆向火乞儿，一旦火尽灰冷，当冻裂肌肤，暴骨沟中矣。’”按：此典故未注出处，五代王仁裕《开元天宝遗事·向火乞儿》：“朝之文武僚属趋附杨国忠，争求富贵……九龄常与识者议曰：‘今时之朝彦，皆是向火乞儿，一旦火尽灰冷，暖气何在？当冻尸裂体，弃骨于沟壑中，祸不远矣。’果然因禄山之乱，附炎者皆罪累族灭，不可胜数。九龄之先见，信夫神智博达也。向火，言附炎也。”此外，亦有引文不确之病。不过，尚未影响到释词。

第二节 《汉语大词典》研究

当代辞书编纂成绩很大。《辞源》、《辞海》、《汉语大字典》、《汉语大词典》是代表性辞书。此外，《现代汉语词典》、《汉语方言大词典》、《现代汉语方言大词典》（分卷本）等也是从事汉语言文字学研究的学者案头必备的参考工具书。分科辞书更多。关于这些辞书，学界已经研究了很多。例如，周志锋先生的《大字典论稿》即是代表。[1] 这里仅就《汉语大词典》作一番介绍。

《汉语大词典》是一部大型历时性的详解语文词典，其编辑

① 周志锋：《大字典论稿》，浙江教育出版社 1998 年版。

方针是“古今兼收，源流并重”，力图反映汉语词汇的历史演变，[①] 其成就是很高的。但是，正如主编罗竹风先生所说：“人类可以创造出空前未有的新事物，但绝不可能创造出‘绝后’的任何东西。”“由于所收词目浩繁，又加时间紧迫，疏漏、错误必然难免；如有发现，一定记录在案，在重版时修订补充。”[②]《汉语大词典》出版以后，便出现了不少文章，在充分肯定其成绩的同时，提出了不少批评意见，这些意见对于《汉语大词典》的进一步完善是有相当大的参考价值的。现在，对《汉语大词典》的不足之处进行拾遗补阙的相关论文、专著已经很多了，但仍有进一步研究的空间。即使是已有的研究成果，也不一定就是十全十美的。我们对《汉语大词典》及相关的论著进行研究，往往从以下角度进行：

（1）辞书所收例证，应尽量反映出词语的历史源流尤其是“源”，但《汉语大词典》某些词条的义项下所收第一个例证并非时代最早的。例如：

【看视】

《汉语大词典》该条义项五：“照顾；看待。”首例明代《初刻拍案惊奇》卷五：“越客将这女子上下看罢……叫众养娘好生看视。”按：此词在中古已出现。例如：

东晋法显译《大般涅槃经》卷中：“尔时有一比丘，名优波摩那，如来昔日未取阿难为侍者时，其恒执事，看视如来。时优波摩那既见如来卧双树下，心大苦恼，在佛前立。”东晋瞿昙僧伽提婆译《中阿含经》卷八《未曾有法品·侍者经第二》：“尊者阿难白曰：尊者大目乾连，我不堪任奉侍世尊。所以者何？诸

---

① 见《汉语大词典·前言》。

② 罗竹风：《回顾与展望——记〈汉语大词典〉的出版》，《辞书研究》1986年第6期。

佛世尊难可难侍谓为侍者。尊者大目乾连，犹如王大雄象，年满六十，憍发力盛，牙足体具，难可难近谓为看视也。”东晋瞿昙僧伽提婆译《中阿含经》卷二三《秽品·黑比丘经第八》：“虽作是念，令人系我着安隐处，与我好饮食，好看视我。然人不系着安隐处，不与好饮食，不好看视。所以者何？彼马有恶法，谓极粗弊，不温良故。”《中阿含经》中用例颇多，不一一列举。又如，《太平广记》卷三六九引《广异记》：“又其兄常患重疾，岳亲自看视。夜深，又见三妇人鬼，至兄床前。叱退之，三遍，鬼悉倒地，久之走出。其兄遂愈。”这些例子都早于明代拟话本小说。

【和南】

“和南”条，《汉语大词典》释为“佛教语。佛门称稽首、敬礼为和南”。首引南朝梁沈约《为文惠太子礼佛愿疏》例。

王锳先生的《〈汉语大词典〉商补》已经指出，此词在晋代已用作书信套语①，极是。但既为佛典语，其源当在佛典。今按：后汉西域沙门昙果共康孟详译《中本起经》卷上：“佛告比丘：见彼车马五色严丽，正似天帝出游观时。尔时众人，见佛及僧，足步其地，仰观足迹，处在空中，于上稍下，正至迎次，与人头齐，刚强靡伏，归命和南。”又吴康僧会译《六度集经》卷第四：“象王见沙门，即低头言：和南道士！将以何事贼吾躯命？”

（2）《汉语大词典》在收词方面的一大特色是收词量大，查全率高，但亦有不少失收者，这样就难于全面反映汉语词汇发展的历史面貌。王彦坤先生著有《前四史生僻词语考释》②，主要就是收录这类词语并加以解释的。又如：

① 王锳：《〈汉语大词典〉商补》，黄山书社2006年版，第130页。
② 王彦坤：《前四史生僻词语考释》，商务印书馆2006年版。

【稍头】

"稍头"一词，《汉语大词典》未收录。按：此词明代起多见。《杜骗新书》第十八类"妇人骗"之"三妇骑走三匹马"次姆曰："我跌坏了，前去须买补损膏药贴。只好随路歇，赶不得稍头。你前去，叫我大姆少待。"《三遂平妖传》第九回："又赶了五六里，出安上大门约有十余里路了，听得法环响，只是赶不着。两个却待要回，只见市稍头一个素面店门前，一个人拿着一条棒打一个汉子。"第十二回："那和尚引着一行人，出了相国寺，径奔出大街来，经纪人都做不得买卖，推翻了架子，撞倒了台床，看的人越多了。赶来赶去，直赶出了城。过了接官厅，将到市稍头，那和尚叫道……"《水浒传》第三十二回："武行者听了，酒店上饮了数盅，还了酒钱。二人出得店来，行到市镇稍头，三岔路口。武行者下了四拜。宋江洒泪，不忍分别。"《禅真逸史》第九回："林澹然待要走入店里，又虑被人认得，走漏消息，只得耐着饥渴，一直且走。看看行至市稍头，见侧首山坳里影影有一道灯光射出来……"按：《说文·禾部》："稍，出物有渐也。"朱骏声通训定声："稍，按此字当训禾末，与秒为谷芒者别。"引申为小，可有泛指用法。《汉语大词典》"稍"义项三："泛指事物的末端、枝叶。"用于地方，即可指较近的某处地方，即对于别处来说该地是其末端。《周礼·天官·司会》："掌国之官府郊野县都之百物财用"，汉郑玄注："甸去国二百里，稍三百里，县四百里。"此指离都城三百里之地。《杜骗新书》、《三遂平妖传》、《水浒传》诸用例中"稍头"当然不是上古的三百里的用法，而是指离市镇较近的地方。据以上用例，这种地方往往有吃饭住宿之店。笔者以为似可理解为"进出市镇的路口"。这与"稍"的引申用法也是一致的（进出市镇的路口，即市镇这一地域的末端）。

【掌人】

“掌人”一词，《汉语大词典》未收录，当是“主人”义。例如：

《玄怪录》卷一“党氏女”条：“既卒食，如宾哀不自胜。照曰：‘掌人念亡子若此，要见其今身乎？’”卷四“李沈”条：“候擢三岁，宜复来视之，且曰：‘主人孙久不产者，某以朱字吞之，生儿奇慧，今三载矣，思宿以告之，故复来也。’可取儿抱卧，夜久伺掌人闭户，即抱于静处呼曰：‘李擢记我否？’”按：上文云“主人”，下文云“掌人”，则“掌人”义同“主人”，明矣。又下文：“叩门求憩，掌人翁八十余，倚杖延入。”按：“掌人翁”意指年老的主人。又下文：“掌人喜而许之。”“及明朝，告其掌人曰：‘此儿有重禄，乃成家之贵人也，宜保持之。’”

《续玄怪录》卷二“郑虢州騊夫人”条：“及夕，展亲迎之礼，宾主礼具，解珮约花，卢若惊奔而出，乘马而遁。众宾追之不及，掌人素有气丈夫，不胜其愤，且恃其女之容也，邀客皆坐，呼女出拜，其貌之丽，天下罕敌。指曰：‘此女岂惊人乎？今若不出，人以为兽形也。’众莫不嗟愤，掌人曰：‘此女已奉见，众宾中有能聘者，愿赴今昔。’”卷三“苏州客”条：“渠虽年幼，性颇聪慧，使渠助为掌人，百缗之赠，渠当必诺。”又“张庾”条：“丝竹方动，坐上一人曰：‘不告掌人，遂欲张乐，得无慢易耳。既是衣冠，且非异类，邀来同欢，亦甚不恶。’因命一青衣传语曰：‘姊妹步月，偶入贵院，酒肉丝竹，辄以自随。秀才能暂出作掌人否？……’”又卷四“张逢”条：“来人曰：‘吾之出掌人也，闻其饰装，到亦非久。’”（“出掌人”《太平广记》作“主人”）又下文说到张逢化身为虎，食人后又变人身回旅店，人皆不知，担心其为虎食，“掌人曰：‘今旦侧近有虎食福州郑录事，求余不得。山林故多猛兽，不易独行。郎之未回，忧负亦极，且喜平安无他。’”

按："掌人"有"主人"义，盖因"掌"有"主持、掌管"义。《周礼·天官·冢宰》："乃立天官冢宰，使帅其属而掌邦治。"本书亦多有用例。如《续玄怪录》卷一"辛公平上仙"条："掌店人甚贫，待宾之具，莫不尘秽。"按：下文云"主人率皆重车马而轻徒步"，可见"掌店人"就是"主人"。卷二"薛伟"条："薛掌意尚浮深，迹思性旷。"按："薛掌"即上文说到的"蜀州青城县主簿"薛伟。又卷三"窦玉妻"条："阴晦失道，夜投人庄问其掌。"又卷四"定婚店"条："曰：'君行自早，非某不当来也。凡幽吏皆掌人生之事，掌人可不行冥中乎？今道途之行，人鬼各半，自不辨耳。'固曰：'然则君又何掌？'曰：'天下之婚赎耳。'""掌"皆"主持、掌管"义。

不过，从另外一个角度来说，我们也要注意，一个词如果只是偶尔出现几次，甚至一次，是否能说就是汉语词汇史上的新词还需要再思考。俞理明先生的《汉语缩略研究——缩略：语言符号的再符号化》在谈到"缩略流行的动因及负面作用"时指出："对于缩略词在历史中的地位，要有客观和历史的认识。……一些在短时期内高频使用的新词，包括缩略造成的新词，往往是昙花一现，过了一段时间就销声匿迹，成为汉语词汇史上的匆匆过客；还有大量缩略词，只在语用中偶尔一现，甚至没有在大范围内流行过，这样的成分，即使在共时描写中，也只是一些边缘性的成分，这是讨论缩略词以及各种新词新义时应该充分注意的。"[①] 这一段话很有启发性。例如，笔者在阅读中古佛经时，发现有"目士"的用法，例如，后汉安世高译《五阴譬喻经》："一时佛游于靡胜国度河津，见中大沫聚随水流，即告比丘言：诸比丘，譬如此大沫聚随水流，目士见之，观视省察，即知非

① 俞理明：《汉语缩略研究——缩略：语言符号的再符号化》，巴蜀书社2005年版，第354页。

有，虚无不实，速消归尽。……譬如比丘，天雨滴水，一泡适起，一泡即灭，目士见之，观视省察，即知非有，虚无不实，速消归尽。……譬如比丘，季更盛热，日中之炎，目士见之，观视省察，即知非有，虚无不实，速消归尽。……”“目士”是何词义颇难确定，后读到南朝宋求那跋陀罗译《杂阿含经》卷四十一：“如是我闻，一时佛住舍卫国迦兰陀竹园。尔时世尊告诸比丘：当如月譬住，如新学，惭愧软下，摄心敛形而入他家。如明目士夫临深登峰，摄心敛形，难速前进。如是，比丘如月譬住，亦如新学，惭愧软下，御心敛形而入他家。迦叶比丘如月譬住，亦如新学，惭愧软下诸高慢，御心控形而入他家，如明目士夫临深登峰，御心控形，正观而进。”这才发现原来它是“明目士夫”的缩略词（义即“透过现象看到本质的人”）。“目士”一词《汉语大词典》未收录，笔者也未在其他中土文献中发现用例。笔者曾经以佛经中的用例为据，批评《汉语大词典》失收该词。[①] 学界类似的说法也很多。现在想来，尽管从断代词汇的角度来说该词确曾出现过，也完全需要研究，但它毕竟是“汉语词汇史上的匆匆过客”，用这样的例子去批评一部词典究竟是否合适，这一点似乎还需要继续从理论上深入探讨。

（3）《汉语大词典》的义项总的来说比较完备，它不但注意到先秦两汉的上古词义，对中古以来的白话文献也颇多留心，选词立义方面的成就是很高的，但毋庸讳言，义项失录者亦有之。例如：

【大夫】

张联荣先生曾经指出，“大家”一词，六朝时可作主人讲。[②]

---

① 曾昭聪：《中古佛经词义抉要》，《咸阳师范学院学报》2005年第1期；原文曾提交2002年5月浙江大学召开的“姜亮夫、蒋礼鸿、郭在贻教授纪念会暨汉语史、敦煌学国际学术讨论会”。

② 张联荣：《汉魏六朝佛经释词》，《北京大学学报》1988年第5期。

“大夫”一词亦有同样用法。

后汉支娄迦谶译《佛说遗日摩尼宝经》：“何谓四事？但求索好经法——六波罗蜜及菩萨昆罗经，及佛诸品；去瞋恚之心，敬事十方天下人，如奴事大夫；乐于经不为外道自益身也，自守不说人恶及谗溺于人；所不闻经不限佛智也，随其所喜经者各自闻得。是为四。”

后汉支娄迦谶译《般舟三昧经》卷下《至诚佛品第十五》：“佛言：置是所供养者，此不足言耳。常当自割其肌，供养于善师，常不爱惜身，何况其余？当承事善师，如奴事大夫。求是三昧者当知是，得是三昧已当坚持，常当念师恩。”

旧题后汉安世高译《佛说尸迦罗越六方礼经》：“向地拜者，谓大夫视奴客婢使亦有五事：一者当以时饭食、与衣被，二者病瘦当为呼医治之，三者不得妄挝捶之，四者有私财物不得夺之，五者分付之物当使平等。奴客婢使事大夫亦有五事：一者当早起，勿令大夫呼，二者所当作自用心为之，三者当爱惜大夫物，不得弃捐乞丐人，四者大夫出入当送迎之，五者当称誉大夫善，不得说其恶。”

吴支谦译《佛说赖吒和罗经》：“（赖吒和罗）晨起被袈裟持应器入父母里中，向家门乞食，举家无肯应视者。所以者何？用沙门道，故生亡我大夫子，举家恶见沙门，故不应视也。赖吒和罗到家门，无有乞者，亦无应视者，无有白者，但得骂詈。亦不忧不愁，适欲去家。有一婢欲出门弃臭豆羹滓，赖吒和罗还顾见婢，问言：若用是臭豆羹为？时婢言：臭恶不可复食，故欲弃之。赖吒和罗言：如姐欲弃者，持用乞我。婢便以着应器中。婢阴识赖吒和罗手足语声，即念：是我大夫子也。即走入语其母：大夫子已来在外。”

南朝宋求那跋陀罗译《佛说阿速达经》：“玉耶言：妇人事夫不可用三恶，四善者可与共居。从今以去，请如婢事大夫子。玉耶即膝行承事速达，以夫妇之礼事其婿。”

按：以上五例中，前两例和后两例中的“大夫”与“奴客婢使”、“奴”、“婢”对举，第四例中的语境亦极明显，可知其词义当为“主人”。又“大”似当读为dà，表敬称；“夫”则是对男子的美称，此义先秦已见。《汉语大词典》上卷1300页“大（dà）夫”条收有“古职官名”和“爵位名”两个义项；“大$_2$（dài）夫”则收有“宋医官别设官阶……”和“对于手工艺人的敬称”两个义项。均不适用于上引文例，故《汉语大词典》“大（dà）夫”条当另立一义项。

【歪】

《明清民歌时调集》：《挂枝儿》卷五《嗔妓》之二：“痴乌龟，没来由，接一个歪妓。止无过唱些曲，吃些酒，赞他做甚的？”卷九《山人》：“问山人，并不在山中住，止无过老着脸，写几句歪诗。戴方巾，称治民，到处去投刺。”《山歌》卷九《山人》：“笑杀山人，终日忙忙着处跟。头戴无些正，全靠虚帮衬。嗏！口里滴溜清，心肠墨锭，八句歪诗，尝搭公文进。”又《明代歌曲选》：陈铎《乐府全集·滑稽余韵》之《折桂令·香蜡铺》：“贱咸食樁樁都有，歪生药样样都收。”又《赛鸿秋·陵户》：“官司上办纳轻财利，村落中卖弄歪名器。薅锄少气力，洒扫都不济，垂着涎盼望着春秋祭。”又《马户》：“骑操用不的，瘸瞎歪行货，能行快走无一个。”刘效祖《词脔·黄莺儿》：“堪笑世情薄，百般的都弄巧。李四戴着张三帽，歪行货当高，假东西说好，哄杀人那里辨青和皂？”

“歪”即“次、不好”之义。在上面诸例中，第一、二、三例的语境，第四、五、七例中“歪”与“贱”、“轻”、“假”互文，第六例中前用“瘸瞎”修饰等，均可证之。第一例或可理解为“丑”，其实“丑”也是“不好”，如果未能有一定数量的用例，尚不必另立一义项。《汉语方言大词典》第三卷“歪”义项三："〈形〉坏；不好；假的。(一) 中原官话。山西临汾。新绛。(二) 晋语。山西长治。(三) 西南官话。四川成都。~货。(四) 客话。福建武平武东。"又义项四："〈形〉丑。客话。福建永定下洋。莫看佢人貌~，心肝死好心地很好。罗翙云《客方言·释言》：'貌不好亦曰~。'"其实也不必分列为两个义项。"歪"何以得有此义？《说文》："竵，不正也。"段注："俗作歪。"本指位置的不正，引申指质量方面的"不正"，即是"次、不好"。《汉语大词典》、《汉语大字典》均未收此义项。

(4) 释义不确者亦有之。例如：

【行】

旧题后汉安世高译《佛说鬼问目连经》："目连答言：汝为人时，作僧维那，知僧事。有一瓶酥，藏著余处，不行与僧。待客去后，乃行与旧僧。"

东晋法显译《佛说杂藏经》："汝前世时，作沙弥，行果瓜子，到师所，敬其师故，偏心多与，实长七枚，是故受如此罪。此是花报，后受地狱果。"

失译附东晋《饿鬼报应经》："答言：汝为人时，出家修道，知僧饮食，以酥瓶藏著余处，客道人来，而不与之，客去出酥，行与旧僧。"

"行"是动词，即"给予"义。如第三例先说"与"，后说"行与"，可证"行与"是同义复用。《汉语大词典》"行"义项十二："谓斟酒。"首例《仪礼·大射》："公又行一爵，若宾若长，唯公所赐。"又义项二十五："赏赐；给予。"首例《周礼·夏官·罗氏》："中春，罗春鸟献鸠以养国老，行羽物。"按：所谓"斟酒"、"赏赐"都是随文释义，概括性不强。辞书义项要讲求概括性，"行"之此义似概括为"给予"即可。"给"酒即是"斟酒"，饭后"给"洗手水即是"行澡"（亦作"行水"，详下）。上"给"下即是"赏赐"，下"给"上即是"献"。——概括说来，都是“给予”。《汉书·高帝纪下》：“法以有功劳行田宅，今小吏未尝从军者多满，而有功者顾不得。”颜师古注引苏林曰：“行，犹付与也。”颇为中肯。另外，中古佛经中的“行水”、“行食”、“行茶”等词的用法亦可佐证。中古佛经中常用“行水”一词，指进食前后给水洗手。“行水”指进食前给水洗漱的用例：

吴康僧会译《六度集经》卷五《小儿闻法即解经》：“后日长者复请比丘，普及众僧悉令诣舍，办饮食具。时至，皆到，坐定。行水饮食已，咒愿达嚫。”

吴支谦译《菩萨本缘经》卷中《一切持王子品第三之余》：“是时有一老婆罗门，其形丑恶，人所恶见，从远方来。王子见已，即命令坐。行水施果，然后问讯：汝何缘至此耶？将非厌家之过患乎？”

“行水”指进食后给水洗手的用例：

西晋竺法护译《佛说月光童子经》：“饿鬼得安食已，行水，众会寂然。”

后秦竺佛念译《出曜经》卷八《念品第六》：“明日时到，着衣持钵，比丘僧众前后围绕，往造磬家，各各次坐。钟磬手自斟酌，行甘馔饮食。食讫，行水。更取小坐在如来前，而受咒愿。”

以上仅举四例，更多的例证不烦一一列举，可以参看李维琦先生《佛经释词》的“行水”条。以上用例中并不完全是下对上，如给众饿鬼水亦叫“行水”，所以“行”义不能仅仅解释为“进献”。《汉语大词典》该条共列五个义项，其中第四个义项：“谓用水洁身以祈佛。”举一例，《南史·齐竟陵王子良传》：“数于邸园营斋戒，大集朝臣众僧，至赋食行水，或躬亲其事。”按：此例稍过晚且释义欠确。综合以上用法可以看出，“行水”只是指进食前后给水以洗手，释作“用水洁身”过于宽泛；又“祈佛”不妥，还可以是施于“众饿鬼”。这是单例孤证导致释义欠确的例子。总之，以上用例中的“行”也是“给予”。

“行食”、“行茶”的例子这里不赘举。又《汉语方言大词典》卷二“行”义项二十五：〈动〉乞求。中原官话。安徽寿县。方勇《续〈新方言〉》：“《礼记·月令》：‘行糜粥饮食。’注：‘行，赐也。’俗谓求物曰～。盖犹乞丐之为求，又为与。”可知“行”在当代方言中可同时表“求”、“与”义，“与”就是“给”。

总之，《汉语大词典》“行”义项十二和义项二十五当概括为一个义项：“给予”。①

【十袭】

“十袭”条，《汉语大词典》释为“把物品一层又一层地包裹起来，以示珍贵”。所举之例是：《后汉书·应劭传》：“宋愚夫亦燕石，缇绍十重。”李贤注引《阙子》：“宋之愚人得燕石梧台之东，归而藏之，以为大宝。周客闻而观之，主人父斋七日，端冕之衣，衅之以特牲，革柜十重，缇巾十袭。”下举宋欧阳修文、陈师道诗及杨万里诗。王锳先生《〈汉语大词典〉商补》指出：

李贤注引《阙子》一例中，“袭”为量词，“十袭”为数量词组，与“十重”相应。降至宋代，“十袭”才凝固成词，成为一种比较珍贵的丝巾的名称，一般用来包裹珍贵物品。宋文与可《谢杨侍读惠端溪紫石砚》诗：“洗濯鉴面莹，弹叩牙音铿。遂剪十袭巾，加以重篋盛。”宋张文潜《寄答参寥五首》之四：“时时未免作，包以十袭厚。低心让儿曹，默默众人后。”……《汉语大词典》所举杨万里诗“十袭古锦帕”仍是量词用法，欧阳修文“十袭珍藏”、陈师道诗“十袭包藏”则均指丝巾。此目不仅释文

① 详参曾昭聪：《中古佛经释词四则》，《语言研究》2003年第3期。

可商，释文与例证也圆凿方枘。①

按：《商补》于欧阳修文、陈师道诗及杨万里诗未引，只作评述，为使读者明其原委，兹引述如下：宋欧阳修《谢赐〈汉书〉表》："十袭珍藏，但誓传家而永宝。"宋陈师道《谢寇十一惠端砚》诗："琢为时样供翰墨，十袭包藏百金贵。"宋杨万里《三辰砚屏歌》："怀璧未为罪，借书未为痴，公当十袭古锦帊，如何传玩十手把，不防夜半有力者？"作一对照，可知《〈汉语大词典〉商补》言之有证，所论极是。

以上我们分别举了一些例子来说明《汉语大词典》的不足之处。作为汉语词汇训诂研究工作者，我们应该加强这一方面的研究，以期在修订《汉语大词典》和其他大型语文辞书时作出应有的贡献。这一工作任重而道远，当然，这也将是所有的语言工作者和辞书编纂者共同努力的方向。我们为《汉语大词典》拾遗补阙，不是为了挑刺儿，而是为了学术的发展与繁荣。在学术史上，一部有影响的著作出版，必有对其进行更进一步研究和纠补的新著作出现。这样的新著作就可称得上是前一部著作的功臣与诤臣，它们一起共同推动了学术的进步与繁荣。清俞樾《春在堂随笔》卷十云："宋邵氏《思姓解》一书……因有山阳段氏朝端为作《辨误》一卷，其所纠正，颇足为邵氏功臣。"又当代语言学家王力先生《中国语言学史》第三章中评价段玉裁时说道："段氏就是这样极其精审地进行研究工作的。他是许氏的功臣，又是许氏的诤臣。"②

★推荐阅读书目

曹聪孙：《词典释义的规范化进程》，上海辞书出版社 2001

① 王锳：《〈汉语大词典〉商补》，黄山书社 2006 年版，第 29 页。

② 王力：《中国语言学史》，山西人民出版社 1981 年版，第 116 页。

年版。

甘于恩：《纵横辞海》，国际文化出版公司 2006 年版。

何九盈：《中国古代语言学史》，广东教育出版社 1995 年版。

黄建华：《词典论》，上海辞书出版社 2001 年版。

姜聿华：《中国传统语言学要籍述论》，书目文献出版社 1992 年版。

林玉山主编：《辞书学概论》，海峡文艺出版社 1995 年版。

刘叶秋：《中国字典史略》，中华书局 2003 年版。

苏宝荣：《词义研究与辞书释义》，商务印书馆 2000 年版。

苏宝荣：《词汇学与辞书学研究》，商务印书馆 2008 年版。

王力：《中国语言学史》，山西人民出版社 1981 年版。

王锳：《近代汉语词汇语法散论》，商务印书馆 2004 年版。

王锳：《语文丛稿》，中华书局 2006 年版。

王锳：《〈汉语大词典〉商补》，黄山书社 2006 年版。

雍和明、罗振跃、张相明：《中国辞典史论》，中华书局 2006 年版。

章宜华、雍和明：《当代词典学》，商务印书馆 2007 年版。

赵振铎：《中国语言学史》，河北教育出版社 2000 年版。

赵振铎：《字典论》，上海辞书出版社 2001 年版。

赵振铎：《辞书学论文集》，商务印书馆 2006 年版。

周志锋：《大字典论稿》，浙江教育出版社 1998 年版。

邹酆：《辞书学探索》，湖北人民出版社 2001 年版。

邹酆：《辞书学丛稿》，崇文书局 2004 年版。

（清）钱大昭等：《〈迩言〉等五种》，商务印书馆 1959 年版。

［日］长泽规矩也：《明清俗语辞书集成》，上海古籍出版社 1989 年版。

《辞书研究》，学术期刊，中国辞书学会会刊，上海辞书出版社出版。

第九章　汉语词汇训诂研究与古籍校理

第一节　古籍校理要利用汉语词汇训诂研究的成果

进行汉语词汇训诂研究，语料特别重要。关于语料，日本学者太田辰夫曾经在他的专著《中国语历史文法》一书的“跋”《尽信书不如无书》中，将中国古典文献分为同时资料（出土文献）与后时资料（传世文献）两大类，并说道，中国古典文献大多为传世文献，这对我们进行汉语史的研究是不利的。蒋绍愚先生也说道：“资料问题是任何语言研究都必须重视的，但近代汉语研究中这个问题尤其突出。”① 许多学者都非常注意语料，王锳先生曾经发表过许多篇校勘方面的论文。例如，《近代汉语词汇语法散论》一书中的论文就特别注意语料的准确性，像《关于秦墓竹简所见某些语法现象》、《敦煌变文“处”字释例》等论文就是例子。王先生本人也说道：“例如讲云梦秦简语法的一篇，内容虽很肤浅，却是从语言角度研究这份‘同时资料’较早的论文之一，可以作为研究古代语言必须重视出土文物资料的又一例

---

① 蒋绍愚：《近代汉语研究概要》，北京大学出版社2005年版，第15页。

证。”① 这都提示我们，研究任何一门学问尤其是汉语词汇训诂，需要对研究语料的准确性特别注意。

古籍校理包括古籍的校勘、注释、翻译及其他整理工作，这些工作与汉语词汇训诂研究密切相关。这一方面学界成果很多，郭在贻、项楚、吴金华等先生都是这一方面的代表。从事汉语词汇训诂研究工作的学者对古籍校理应特别注意，因为两者是相辅相成的。我们再举几例。例如：

【礓石】

隋阇那崛多译《佛本行集经》卷二十七：

菩提树下圣坐处　天降种种妙香花

魔众住处地不平　高下坑坎多塠埠

礓石荆棘饶粪秽　菩提树下地周围

金银七宝以庄严　见有如是等类相

智慧人辈若有意　见此相已应回还

《汉译佛典翻译文学选》注：“礓石，坚硬的石头；礓，不渗水的石头。”②

按：此词又见于其他佛典。如东晋佛陀跋陀罗共法显译《摩诃僧祇律》：“二者输那边地多礓石土块。及诸刺木听着两重革屣，此间一重。”隋达摩笈多译《起世因本经》卷二：“此阎浮洲，清净平整，无有荆棘，及诸稠林、丘墟、坑坎，并余厕溷杂秽臭处、礓石、瓦砾、沙卤等物。”隋阇那崛多译《佛本行集经》卷四十五：“汝辈速疾往迦兰陀竹园之内，扫洒除却一切沙砾、礓石、荆棘、粪秽、塠土，皆令平正，勿使坑坎，仰其净洁。”唐义净译《根本说一切有部毘奈耶杂事》卷十四：“时诸苾刍于夏雨时，旋绕制底，有泥污足。佛言应可布砖，上以碎砖，和泥

① 王锳：《近代汉语词汇语法散论》，商务印书馆2004年版，后记第256页。

② 孙昌武编著：《汉译佛典翻译文学选》，南开大学出版社2005年版，第100页。

打之，复安礓石灰泥。”

唐释慧琳《一切经音义》卷一九“礓石”条：“居良反。土变为石，形如薑也。《通俗文》：‘地多小石谓之礓。’砾石也。”唐释玄应《众经音义》卷八“礓石”条：“居良反。形如薑也。《通俗文》云：‘地多小石谓之礓砾也。’”同样的解释又见他处。《汉语大词典》“礓石”条义项一释为“小石”，义项二释为“泛指石头”，都可以成立。但据本文所引例来看，这些例子释为前一义项较好。孙先生释义不知何据。

【县官】

《唐传奇笺证·东城老父传》：“……父忠死泰山下，得子礼奉尸归葬雍州。县官为葬器丧车，乘传洛阳道。”

《唐传奇笺证》说：“何以由‘县官为葬器丧车’？《资治通鉴》卷二二四《唐纪》代宗大历三年：‘乃命中使为（李）泌葬二亲，又为泌娶卢氏女为妻，资费皆出县官。’所谓‘县官’，盖指县中官费而言，非指具体职事之官。此处之‘县官’亦当同意。”① 按：认为“县官”非指具体职事之官，这是对的，但以为指“县中官费”，又不妥了。因为“县官”在这两处都是指官府，这种用法在古籍中是很多的。最早见于《史记》，详见《汉语大词典》。唐宋用例如柳宗元《答饶元州论政论书》：“今募天下入粟县官，得以拜爵，得以除罪。”《新唐书》卷五十：“天宝后，诸军战马动以万计。王侯、将相、外戚牛驼羊马之牧布诸道，百倍于县官，皆以封邑号名为印自别；将校亦备私马。”《太平广记》卷一九六“丁秀才”条：“朗州道士罗少微顷在茅山紫阳观寄泊。有丁秀才者亦同寓于观中，举动风味，无异常人，然不汲汲于仕进。……俄见开户奋袂而去。至夜分，蒙雪而回，提一银榼酒，熟羊一足，云浙帅厨中物。由是惊讶欢笑，掷剑而

① 周绍良：《唐传奇笺证》，人民文学出版社2000年版，第338页。

舞，腾跃而去，莫知所往，唯银榼存焉。观主以状闻于县官。”以上“县官”均指官府。①

【不若】

《清平山堂话本·西湖三塔记》：“盈盈嫩绿，有如剪就薄薄轻罗；袅袅轻红，不若裁成鲜鲜丽锦。”

《〈清平山堂话本〉校议》：“‘不’为‘亦’字形误。敦煌书卷及旧日坊刻书中，‘不’、‘亦’互误，实为多见，容不示例。”②

按：“不若”不误。其用例在《清平山堂话本》中除此例外，还有三例：①眉分两道雪，鬓挽一窝丝。眼昏一似秋水微浑，发白不若楚山云淡。（《简贴和尚》）②盈盈嫩绿，有如剪就薄薄香罗；袅袅轻红，不若裁成鲜鲜蜀锦。（《洛阳三怪记》）③胜如仙子下凡间，不若嫦娥离月殿。（《花灯轿莲女成佛记》）上面三个例句中，“不若”均与“一似”、“有如”、“胜如”互文见义，其中“不”字不表否定，而是带有一定的强调语气。它是一个倒反词语，乃“正似、正如”义，《汉语大词典》该条只收录了“不如；比不上”、“不依顺；不顺遂”、“犹言不祥或不祥的事物”、“不善；强暴”四个义项，未收此义项，当据补。此义又见于其他典籍，如《永乐大典戏文三种·宦门子弟错立身》：“鹊飞顶上，尤如仙子下瑶池；兔走身边，不若嫦娥离月殿。”《古今小说》卷十五：“遮拦架隔，有如素练眼前飞；打龊支撑，不若耳边风雨过。”又卷二十四：“叹古今负义人皆如此，乃传之于人。诗曰：一负冯君罹水厄，一亏郑氏丧深渊。宛如孝女寻尸死，不若三间为主愆。”亦有单用的例子，如《艺文类聚》卷四十一：

① 此条参见刘玉红：《〈唐传奇笺证〉订误》，《书品》2007年第3辑。

② 高云海、刘志军：《〈清平山堂话本〉校议》，《古籍整理研究学刊》2003年第5期。

“魏陈王曹植豫章行曰：……又曰：鸳鸯自用亲，不若比翼连。他人虽同盟，骨肉天性然。”《刘知远诸宫调》第一：“傍里知远嗔怒，叫一声不若春雷。”按：“不”作语助词而无实在意义的用法在敦煌变文、元明戏曲、小说中习见，详见蒋礼鸿先生《敦煌变文字义通释》“不”条；这种用法可以追溯至先秦，详见王引之《经传释词》卷十。

【无赖】

《元本琵琶记》第六出：“［贴上唱］［花心动］幽阁深沉，问佳人：为何懒添眉黛？针钱日长，图史春闲，谁解屡傍妆台？绛罗深护奇葩小，还不许蜂莺猜。［净丑唱］笑琐窗，多少玉人无赖！”

《元本琵琶记校注》：“无聊，不乐。《三国志·魏志·华佗传》：‘彭城夫人夜之厕，虿螫其手，呻呼无赖。’”①

按：《琵琶记》中“无赖”据上文，确为“不乐”义，然《三国志·魏志·华佗传》中“无赖”并非此义。按：下文云：“佗令温酒近热，渍手其中，卒可得寐，但傍人数为易汤，汤令暖之，其旦即愈。”可知此处“无赖”为“无所倚靠、无可奈何”义。用此例来解释《琵琶记》中的词义有所不妥。盖钱先生释文中“无赖”既有“不乐、烦闷”义，又有“无可奈何”义，《琵琶记》中“无赖”是前一义，《华佗传》中“无赖”是后一义，这种释词方式有点类似《尔雅》，但从义项的分合来看，是不大可取的。

① 钱南扬：《元本琵琶记校注》，上海古籍出版社 1980 年版，第 46～47 页。

第二节　古籍校理要注意国外研究成果

古籍的校理要注意国内外文献交流。国内文献大家都比较注意，国外文献则不一定。其实，国外有一些学者在研究中国古籍、词汇训诂方面成绩也不少，对他们的成果一定要重视。[①] 当然，国外学者的研究成果也存在不足，对其也应该客观评价。张永言先生的《马端志〈世说新语〉英译之商榷》对美国明尼苏达大学东亚东言学系教授马端志（Richard B. Mather）先生英译的《世说新语》，在充分肯定的基础上，又对其译不妥的数十条进行讨论。[②] 董志翘先生也对国外文献非常重视，他在相关研究方面经常提到日本学者的研究成果。梅维恒（Victor H. Mair）先生的《区分中古汉语俗语言中字和词的界限的重要性——从对寒山诗的译注看世界汉学界的弊端》对罗伯特·亨里克斯（Robert G. Henricks）先生对寒山诗歌的译注之作《寒山诗全注全译》（*The Poetry of Han-shan*：*A Complete*，*Annotated Translation Cold Mountain*）作了举例性批评："这些错误的普遍存在，表明在当前美国汉学家们佶屈聱牙的翻译语言之中，存在着一种严重缺陷，即过分注意作为语素音节（morphosyllabic）的汉字的表面意义，而不是去注意汉字所代表的词和词所传达的真实意义。"[③] 从这里可以

① 例如，从事中古近代汉语研究的学者注意较多的日本学者佐藤晴彦的《对〈警世通言〉中冯梦龙作品的窥测——从语言学的角度看〈三言〉》（载胡竹安、杨耐思、蒋绍愚编《近代汉语研究》，商务印书馆1993年版）就是代表。

② 张永言：《马端志〈世说新语〉英译之商榷》（增补本），语文出版社1999年版，第309～359页。

③ 梅维恒：《区分中古汉语俗语言中字和词的界限的重要性——从对寒山诗的译注看世界汉学界的弊端》，中译文原载《新国学》第一卷，巴蜀书社1999年版。此据朱庆之编《中古汉语研究（二）》，商务印书馆2005年版，第341～364页。

看出俗语词研究的重要性，这是反面的例子。我们对于国外研究成果，要注意鉴别、参考。

这里我们再就这一情况举《清平山堂话本》校理的例子，以引起大家的重视。

《清平山堂话本》是明代洪楩所刻的《六十家小说》的辑佚本。它最早被发现是在1929年，日本汉学家盐谷温教授在内阁文库发现《柳耆卿诗酒玩江楼记》、《简贴和尚》等15篇小说，无集名，不著序目及刊刻年月、姓氏。1929年，马廉得见日本友人所示照片，由北平古今小品书籍刊印会影印出版。因书之版心有"清平山堂"四字，内容多系话本小说，马廉题书名曰"清平山堂话本"。上海古籍出版社《古本小说集成》本即据此本影印。

1933年，马廉在宁波购到一包残书，从中整理出《花灯轿莲女成佛记》、《曹伯明错勘赃记》等12篇小说，为范氏天一阁旧藏残本。虽无书名，但书根有题字"雨窗集上"、"雨窗集下"、"欹枕集下"。马廉影印此书时，书名即用原书根题字，这就是马廉平妖堂影印本。

嗣后，阿英又发现清平山堂所刻印话本残叶，即《翡翠轩》和《梅杏争春》两篇。

因此，合起来，《清平山堂话本》今残存27篇，以及阿英发现的两个残叶。1955年，文学古籍刊行社合马廉《清平山堂话本》、《雨窗集》、《欹枕集》影印出版，仍以"清平山堂话本"为名。① 1987年重印。《续修四库全书·集部·小说类》中的《清平山堂话本》又以之为底本影印出版。

对此书进行整理早于20世纪50年代即已开始。1957年，谭

---

① 文学古籍刊行社影印本对漫漶、墨丁、空白等处有大量修补，违背了古籍影印的初衷，实不足取。详参曾昭聪、刘玉红：《古籍修补工作中值得注意的问题——以文学古籍版〈清平山堂话本〉影印本对古籍的改动为例》，《图书馆工作与研究》2009年第8期。

正璧据前两种影印本加以校点，仍以“清平山堂话本”为名，由古典文学出版社排印出版。这是现存最早的校注本。上海古籍出版社 1987 年据此重印。[①] 此后，其他较重要的校注本或标点本主要有石昌渝校点本、王一工标点本、程毅中辑注本（其中收《清平山堂话本》17 篇）、韩秋白校点本。[②] 以上诸本，都取得了一定的成绩，但不足之处亦客观存在。对其中误校、误点、失校等情况，已有一些论文及刘坚先生的《近代汉语读本》[③] 对其作出若干补正，但有待进一步讨论之处仍然很多。另外，校书如扫落叶，一些补正的论文也间有失误。

笔者近年来据前述两种影印本并参考其他相关文献对《清平山堂话本》进行校注。在查找相关文献的过程中，笔者发现著名汉语家、日本学者入矢义高先生早于 1958 年就已经由东京平凡社出版了他翻译成口语的《雨窗欹枕集》和《清平山堂话本》（书名与平妖堂影印本和古今小品书籍印行会影印本对应），该译本同时也附有简要注释。对这两种译本，中国国内学者似乎尚未注意到。而事实上，这两种译本对于我们的校注工作具有很大的参考价值，国内此前诸校注本未尝参考此书，这是让人深感遗憾的。当然，译本中也有一些值得讨论之处。

值得讨论之处表现在少数地方或有误解，也有一些存疑之处。例如：

《简贴和尚》：“做毕这词，取张花笺，折叠成书。待要写了付与浑家，正研墨，觉得手重，惹番砚水滴儿，打湿了纸。”

按：“砚水滴儿”乃滴水入砚之文具，多称“砚滴”，也称

---

① 谭正璧校点：《清平山堂话本》，上海古籍出版社 1987 年版。

② 石昌渝校点：《清平山堂话本》，江苏古籍出版社 1990 年版。王一工标校：《清平山堂话本》，上海古籍出版社 1992 年版。程毅中辑注：《宋元小说家话本集》，齐鲁书社 2000 年版。韩秋白校点：《清平山堂话本》，中华书局 2005 年版。

③ 刘坚：《近代汉语读本》（修订本），上海教育出版社 2005 年版。

"水注"。入矢义高误译"惹番砚水滴儿，打湿了纸"为"墨をすっておりまする折しも、何とのう手がだるく、つい硯の水をはね散らし、紙を濡らしてしまいました。"石本于"砚"后施逗号，"水滴儿"后不断，亦误。

《西湖三塔记》："慢慢依路进涌金门，行到自家门前。娘子方才开门，道：'宣赞，你送女孩儿去，如何半月才回？交（教）妈妈终日忧念！'妈妈听得出来，见宣赞面黄肌瘦，妈妈道：'缘何许久不回？'"

按：入矢义高以为"听得出来"四字是衍文，因而删除："この前に'聽得出来'という四字があるが、衍文と認める。"按：此四字非衍文。其致误的原因是把上文"娘子方才开门"的"娘子"误译为"母上"（妈妈），因而以为此四字为衍文。

《快嘴李翠莲记》："不多时，车马一到张家前门，歇下轿子，先生念诗曰：'鼓乐喧天响汴州，今朝织女配牵牛。本宅亲人来接宝，添妆含饭古来留。'"

按：入矢义高注释中说不太明白"古来留"的含义。又注："含飯とは以下の文に述べる行事を指すが、ほかに例のない習わしである。"（"含饭"及以下文字所述指古代传统习俗）按："添妆"指向新娘赠送财物礼物。含饭，程注："当时婚礼习俗。"即新娘进夫家门时含一口夫家派人送上的饭，表示成为夫家人。《金瓶梅词话》第九十七回："到守备府中，新人轿子落下，戴着大红销金盖袱，添妆含饭，抱着宝瓶，进入大门。"[①] 这一婚俗应是源远流长，清代文康《儿女英雄传》中的安学海是个主张恢复古礼的人，他儿子与何玉凤举行婚礼时即用此礼：何姑娘坐在轿中，"张姑娘又把个苹果送在他嘴边。姑娘被盖头这一捂，捂得一心的心火，正用得着，便大大的咬了一口，还要再吃，却早拿

① 白维国：《金瓶梅词话》，中华书局 1991 年版。

开了。”（第二十七回）但这一古礼起源于何时尚有待进一步考证。

《张子房慕道记》：“不俱男女收心早，大限来时手脚忙。”

按：俱，谭本以为当作“惧”字，入矢义高从之。刘瑞明、高云海以为当作“拘”。① 后说较优。“不拘”，不论，不管。此句意谓：不管男女都得早早收心，否则大限（死亡）来时手脚忙。

《刎颈鸳鸯会》：“当初本妇卧病，已闻阿巧、某二郎言道：‘五五之间，待同你一会之人，假弓长之手，再与相见。’果至五月五日，被张二官杀死。‘一会之人’，乃秉中也。”

按：入矢义高注：“‘一会の男’とは朱秉中を指すが、その意味は未詳。”（“一会之男”指朱秉中，其意未详。）按：“会”指二人的鸳鸯会，“一会之人”指参与鸳鸯会的人（朱秉中）。

《戒指儿记》：“彩鸾舞后腹空断，青雀飞来信不传。”

按：青雀，入矢义高注释以为“青鸾”之误。按：“青雀”不误，亦可指神话传说中西王母所使之神鸟。唐李商隐《汉宫词》：“青雀西飞竟未回，君王长在集灵台。”若作“青鸾”，则与上句“鸾”字重。

《戒指儿记》：“那小姐半晌之间，口中不道，心下思量：‘数日前，我爹曾说阮三点报朝中驸马，因使用不到退回家，想便是此人。’”

按：点报，入矢义高不详其义，注释：“よく分らない”，译文亦欠确。按：“点报朝中驸马”反映的是明代制度。明代有由礼部出榜报选驸马，任人报点的制度，故商贩子弟阮三可去点报

---

① 刘瑞明：《〈张子房慕道记〉的校勘及时代讨论》，《文教资料》1999 年第 4 期。高云海：《〈清平山堂话本〉校议（续）》，《白城师范高等专科学校学报》1999 年第 2 期。

驸马。[①]

但是，更多的翻译或注释非常精审，可供我们校注时借鉴。取长补短，促进学术的发展与繁荣，这是我们从事学术研究的目的。例如：

《刎颈鸳鸯会》："本妇病中，但瞑目就见向日之阿巧交手某二郎偕来索命，势甚狞恶。"

按：交，底本作"支"。支手，谭校："此二字意义不明，《通言》作'和'。""但瞑目就见向日之阿巧交手某二郎偕来索命。"入矢义高译作："いつも目をつむるとすぐ、昔の阿巧が某二郎と連れ立って、命を取りに來るのが見えます。"虽未指出"支"为误字，但所译极是。按："支"当为"交"之形讹字。交、支二字古籍互讹情况多见，详见蒋礼鸿《敦煌变文字义通释》"支分"条、曾良《俗字及古籍文字通例研究》第四章"古籍文字相通、相混述例"。交手，可指"联手（不一定是手牵手）、共同（合作）"。唐道宣《续高僧传》卷十八、《集神州三宝感通录》卷中、《大宋宣和遗事·贞集》均有用例。[②]

《杨温拦路虎传》："茶博士拣棒，才开两条棒起，斗不得三两合，早输了一个人。"

按：拣棒，疑当作"间棒"。下文："员外间棒"、"间棒起"。间棒，入矢义高注："双方が構えた棒の間に行司が差入れる棒。"即以棒插入中间，做棒术比赛的裁判。又，开棒，与"间棒起"同，即宣布棒术比赛开始。

《杨温拦路虎传》："好手手中呈好手，红心心里中红心。"

---

① 胡士莹：《话本小说概论》，中华书局1980年版，第541页。

② 曹小云、曾昭聪：《〈清平山堂话本〉中的"支手"与"白蓝"》（《语言研究》2009年第1期）已考证"支手"应为"交手"之误，下文的"白蓝"应为"白叠"之误，但写作该文时未曾参考入矢义高先生的译作。特此说明。于此亦可见入矢义高先生深厚的汉学功力。

按："红心"指靶子的中央红点。此二句入矢义高注："紅心は弓の的。この二句は《莊子》の註に釈家の語として引かれているといぅ（伊藤東涯《名物六帖》）。"

《花灯轿莲女成佛记》标题："花灯轿莲女成佛记"。

按："花灯轿"，入矢义高以为是"花藤轿"之误："原文は'花灯轎'。'灯'は'籐'の誤。南宋の都の杭州の繁昌記'夢粱錄'によれば、婚礼の時の嫁迎ぇには花籐轎を用いる習わしだつたといろ。"可从。学津讨原本《梦粱录》卷二十《嫁娶》原文是："至迎亲日，男家刻定时辰，预令行郎各以执色，如花缾、花烛、香球、纱罗、洗漱、妆盒、照台、裙箱、衣匣、百结、青凉伞、交椅，授事街司等人，及雇借官私妓女，乘马，及和倩乐官，鼓吹引迎花担子，或棂担花藤轿，前往女家迎取新人。"（四库本"藤"误作"勝"。）又如，宋卢炳《洪堂词·前调》："名园精舍，总被游人到。年少与佳人，共手嬉游歌笑。夕阳西下，沉醉尽归来，鞭宝马，闹竿随，簇着花藤轿。""藤"同"籐"。

《花灯轿莲女成佛记》："妇女不见了莲女，却走到观音堂前，只见两个和尚铺着白蓝，抄化钱买灯油。"

按："两个和尚铺着白蓝抄化钱买灯油"，入矢义高译作："二人の和尚が白い粗布を敷いて、燈油の喜捨を求めております。"虽未指出"蓝"为误字，但将"白蓝"译为"白い粗布"，极是。我们认为"白蓝"当为"白叠"之误。"叠"亦作"氎"。《玉篇》、《广韵》、《集韵》均为后一写法。唐玄应《众经音义》卷十一"白叠"条："《字体》作'氎'，古文'㲲'同，徒颊反，毛布也。……"卷十三"有氎"条："又作㲲，同，徒颊反，《字林》：毛布也。"《字汇·毛部》："氎，细毛布。《南史》：高昌国有草，实如茧，茧中丝如细纻，名曰白子，国人取织以为布，甚软白。今文作'叠'。""氎"又写作"氎"。《正字通·毛部》：

“氎，他协切，外国细毛布。”因字从“毛”，故释曰“毛布”或“细毛布”，但据《字汇》及下文《史记》等例来看，实际上应该还是指棉布。

《曹伯明错勘赃记》：“曹伯明公名无事，发落宁家。”

按：公名，谭校：“此二字意义不明，当有误。不知开客店也算‘公名’否。”按：此词不误，此处当为“公正之名声”义。《王梵志诗校注》第二九二首：“平生事人我，何处有公名？”项楚先生注：“公名，公正之名声。《汉书·路温舒传》：‘今治狱吏则不然，上下相驱，以刻为明，深者获公名，平者多后患。’”①“公名无事”犹名誉不受损也。“曹伯明公名无事”入矢义高译作“曹伯明は潔白無罪”，极是。

《雪川萧琛贬霸王》：“萧相在城（成）都，亦与吴兴立，建西楚霸王庙，令居民享祭。”

按：诸点校本于“吴兴”后施逗号，并疑“吴兴”后有脱文。按：“立”字疑当作“仝”字，乃“同”的古文。如此则此句作“亦与吴兴同，建西楚霸王庙”，未必有脱文。此句入矢义高译作：“閣下には、成都にも吳興と同様、西楚霸王の社をお建てなされ”，极是。

以上对入矢义高先生的有关译注作了简单的述评，从这里可以看出入矢义高先生对于中国古文献的熟悉程度及其研究成绩。历来整理与研究中国古文献，除了少数专家学者外，一般情况下我们只是习惯于查找国内的已有成果，但如果我们把眼界扩大到国外，往往会发现国外学者也已经有了相当可观的关于中国古文献的研究成果。总之，从中外比较的视野去关注中国古文献，对古籍整理与研究工作是具有重要作用的。

---

① 项楚：《王梵志诗校注》，上海古籍出版社 1991 年版，第 718 页。

★推荐阅读书目

董志翘:《〈入唐求法巡礼行记〉词汇研究》，中国社会科学出版社 2000 年版。

董志翘:《中古文献语言论集》，巴蜀书社 2000 年版。

董志翘:《〈观世音应验记三种〉译注》，江苏古籍出版社 2002 年版。

董志翘:《中古近代汉语探微》，中华书局 2007 年版。

黄征、张涌泉:《敦煌变文校注》，中华书局 1997 年版。

蒋礼鸿:《敦煌变文字义通释》（增补定本），上海古籍出版社 1997 年版。

李申主编:《近代汉语文献整理与研究》，河北教育出版社 2002 年版。

王锳:《近代汉语词汇语法散论》，商务印书馆 2004 年版。

王锳:《语文丛稿》，中华书局 2006 年版。

王云路:《词汇训诂论稿》，北京语言文化大学出版社 2002 年版。

吴金华:《三国志校诂》，江苏古籍出版社 1990 年版。

吴金华:《古文献研究丛稿》，江苏教育出版社 1995 年版。

吴金华:《三国志丛考》，上海古籍出版社 2000 年版。

吴金华:《古文献整理与古汉语研究》，江苏古籍出版社 2001 年版。

吴金华:《古文献整理与古汉语研究续集》，凤凰出版社 2007 年版。

项楚:《王梵志诗校注》，上海古籍出版社 1991 年版。

项楚:《敦煌歌辞总编匡补》，巴蜀书社 2000 年版。

项楚:《敦煌变文选注》（增订本），中华书局 2006 年版。

朱承平:《故训材料的鉴别与应用》，暨南大学出版社 2001 年版。

安徽大学古籍所等主办：《古籍研究》，学术集刊，安徽大学出版社出版。

东北师范大学主办：《古籍整理研究学刊》，学术期刊。

国家图书馆主办：《文献》，学术期刊。

全国古籍整理出版规划领导小组办公室主办：《古籍整理出版情况简报》，内刊。

中华书局主办：《文史》，学术期刊。

中华书局主办：《古籍整理与研究》，学术集刊。

第十章　汉译佛经修辞研究

修辞研究与汉语词汇训诂研究关系密切，虽然由于学科的发展，修辞研究与词汇训诂已经分属于不同的研究领域，但它们之间的关系是任何一位从事相关研究的学者所不能否认的，词汇学中所谓“词的结构”、“词的色彩”，训诂学中所谓“古书辞例”等实际上就是修辞。① 故专设一章讨论之，附于全书之末。

佛经自东汉时传入中国，深刻地影响了汉语和中国传统文化。对佛经的研究，文学研究者措意较多，成果已经不少。就语言研究来说，研究主要侧重佛经音义、词汇、语法及俗字研究；而大体上属于语言研究范畴的修辞，研究成果则较为少见。翻开一部《二十世纪的汉语修辞学》②，情况并不乐观，因为其中并未介绍汉译佛经修辞的研究论著。另外，从《佛经语言学的研究现况》、《佛经文献语言研究论著目录（1980—2006）》两种文献来看，有关修辞研究的论著也很零星。③ 事实上，汉译佛经不但自身讲究修辞，同时也对中国传统文化的其他方面产生了重要影

---

① 赵克勤先生在《古汉语修辞简论》第八章“古汉语修辞与词汇”中就说道：“古代汉语修辞与词汇也有密切关系。这首先表现在复音词的形成和发展上。”“古汉语修辞与词汇的关系，还表现在同义词的运用方面。”“在古汉语中，修辞表达与词汇的关系，也可通过反义词的运用表现出来。”“古代汉语修辞与词汇的关系，也表现在词义的演变与发展上。”商务印书馆1983年版，第110～126页。

② 袁晖：《二十世纪的汉语修辞学》，书海出版社2000年版。

③ 竺家宁：《佛经语言学的研究现况》，《香光庄严》1987年第55期。帅志嵩、谭代龙、龚波、郭浩瑜、黎路遐：《佛经文献语言研究论著目录（1980—2006）》（征求意见稿电子版）。本章以这两种文献为线索查阅了相关论著，谨此说明并致谢。

响。对其进行研究，不但可以明了汉译佛经本身的各种修辞现象，也可以进一步考察它对中国传统文化的影响，进一步了解中国修辞史和修辞学史，进一步研究汉译佛经中的相关词汇训诂情况。

爬梳整理，我们还是发现了一些相关研究成果，现综述如下，以期推动汉译佛经修辞的研究。

第一节　汉译佛经本身有关修辞的论述及译经对修辞的要求

“藏经”一词，在中国出现的时间约为南北朝。“藏”，是梵文箱子、筐等词汇的意译；“经”，亦从梵文转译，原意为用一根绳子贯穿花瓣。佛教僧人借此比喻收集释迦牟尼的教诲，永不散失。① 由此亦可见佛经必然使用多种修辞以劝化众生。

后秦鸠摩罗什译《妙法莲华经》卷一：“舍利弗，未来诸佛当出于世，亦以无量无数方便，种种因缘、譬喻、言辞，而为众生演说诸法。……是诸众生从佛闻法。究竟皆得一切种智。”(T09，p.7，b6～16)②

后秦鸠摩罗什译《大智度论》卷三十五：“问曰：诸钝根者可以为喻，舍利弗智慧利根何以为喻？答曰：不必以钝根为譬喻。譬喻为庄严议论，令人信著故。以五情所见以喻意识，令其得悟。譬如登楼，得梯则易上；复次，一切众生著世间乐，闻道、得涅槃则不信不乐，以是故，眼见事喻所不见。譬如苦药，

---

① 李际宁：《佛经版本》，江苏古籍出版社2002年版，第43页。

② 本章所引佛经据中华电子佛典协会CBETA电子版《大正藏》并复核纸质本，引文后标明册数、页码、栏数、行数。

服之甚难，假之以蜜，服之则易。”（T25，p. 320，a16～23）

北凉昙无谶译《大般涅槃经》卷二十九：“佛言：善男子，喻有八种：一者顺喻，二者逆喻，三者现喻，四者非喻，五者先喻，六者后喻，七者先后喻，八者遍喻。”（T12，p. 536，b11～14）

据孙昌武先生考察，“专门以‘譬喻’立名的经典，汉译现存多部：有题为吴康僧会所出《旧杂譬喻经》，题为支娄迦谶所出《杂譬喻经》，失译《杂譬喻经》，比丘道略集、鸠摩罗什译《杂譬喻经》（有异本《众经撰杂譬喻经》），僧迦斯那撰、南齐求那毗地所出《百句譬喻经》即《百喻经》等。又西晋法炬、法立所出《法句譬喻经》是解释偈颂‘法句’的，同样以譬喻故事为主要内容。上述‘譬喻经’中前两部从译语和译文风格看均不像是康僧会或支娄迦谶所出，但它们早期传入中土则是可以肯定的。见于资料记载的《譬喻经》的名目还有很多。……除了这些名为‘譬喻’的经典之外，还有两种经典亦属同类。一种是单本譬喻经，如《箭喻经》、《奈女耆婆经》等。周叔迦论《天尊说阿育王譬喻经》说：‘东晋佚名译。按此经所记，率取故事以证嘉言，约如我国《韩诗外传》体例。凡十二则……大率取譬浅近，引人皈信，与《杂宝藏经》、《百喻经》等，殊途同归。取此种经典，与六代《搜神记》、《颜氏家训》诸书互相摹较，天竺思想影响中土程度，亦可窥一二矣。’另一种是别有标题的譬喻故事集，如题为支谦译《撰集百缘经》，姚秦竺佛念译《出曜经》，马鸣撰、鸠摩罗什译《大庄严论经》，北魏慧觉等译《贤愚经》，北魏吉迦夜共昙曜译《杂宝藏经》等”。①

佛经本身即注重修辞，佛经汉译过程中同样应注重修辞。

佛经的翻译，需在译场中设有译主、证义、证文、书字梵学僧、笔受、缀文、参译、刊定、润文九职，通称“译场九位”。

---

① 孙昌武：《关于佛典翻译文学的研究》，《文学评论》2001年第1期。

南朝陈真谛《阿毗达磨俱舍释论序》："今既改变梵音，词理难卒符会。故于一句之中，循环辩释，翻覆郑重，乃得相应。"（T29，p. 161，b13～15）态度非常慎重。

季羡林先生的《佛经的翻译与翻译组织》指出："因为汉文和梵文以及中亚这些古代语言都是很难掌握的，从外国来华的和尚想要翻译佛经，必须同中国和尚或居士合作才能胜任。僧祐《出三藏记集》卷一说：'或善胡义而不了汉旨，或明汉文而不晓胡意。'说的就是这种情况。《梁高僧传》卷一《维祇难传》说：'时吴士共请出经。难既未善国语，乃共其伴律炎，译为汉文。炎亦未善汉言，颇有不尽。志存义本，辞近朴质。'同卷《支娄迦谶传》说：'（安）玄与沙门严佛调共出《法镜经》。玄口译梵文，佛调笔受。理得音正，尽经微旨。郢匠之美，见述后代。'……这里说的也都是这种情况。"① 这种合作翻译的最后一步工作必然是润色修辞。

唐道宣《续高僧传》卷四："论曰：观夫翻译之功，诚远大矣。……至如梵文天语，元开大夏之乡；鸟迹方韵，出自神州之俗。具如别传，曲尽规猷，遂有侥幸时誉，叨临传述，逐转铺词，返音列喻；繁略科断，比事拟伦，语迹虽同，校理诚异。自非明逾前圣，德迈往贤，方能隐括殊方，用通弘致。"（T50，p. 459，a19～28）他认为，把梵文（包括西域诸国的语言）这种中国人原不熟悉的"天语"流传的佛经译成汉文，"不仅涉及语意本身的对译，还要使翻译出来的汉文符合汉语的修词（辞）方法和语言习惯，使翻译出来的佛教的教理教义大体符合当时中国人宗教的或伦理的观念，以便被中国信众所接受。这种翻译无疑是一项'明逾前圣，德迈往贤'的艰苦的再创作，它包容着中国

① 季羡林：《佛经的翻译与翻译组织》，载《佛教十五题》，中华书局2007年版，第143页。

文化深厚的底蕴”①。这种再创作性质的汉译佛经中的修辞无疑值得我们深入探讨。

第二节　20世纪40年代之前的汉译佛经修辞研究

梁启超先生的《翻译文学与佛典》在“翻译文学之影响于一般文学”之第二点“语法及文体之变化”中指出：“吾辈读佛典，无论何人，初展卷必生一异感，觉其文体与他书迥然殊异，其最显著者：（一）普通文章中所用，‘之乎者也矣焉哉’等字，佛典殆一概不用（除支谦流之译本）。（二）既不用骈文家之绮词俪句，亦不采古文家之绳墨调。（三）倒装句法极多。（四）提挈句法极多。（五）一句中或一段落中含解释语。（六）多覆牒前文语。（七）有联缀十余字乃至数十字而成之名词——一名词中，含形容格的名词无数。（八）同格的语句，铺排叙列，动至数十。（九）一篇之中，散文诗歌交错。（十）其诗歌之译本为无韵的。凡此皆文章构造形式上，画然辟一新国土。质言之，则外来语调之色彩甚浓厚，若与吾辈本来之‘文学眼’不相习，而寻玩稍进，自感一种调和之美。”② 所谓“文体之变化”，其实就是指结构、语体风格和表现风格的修辞。

胡适先生的《白话文学史》在谈到佛经韵散兼行对中土文学的影响时说：“印度的文学有一种特别体裁，散文记叙之后，往往用韵文（韵文是有节奏之文，不必一定有韵脚）重说一遍。这

① 李富华、何梅：《汉文佛教大藏经研究》，宗教文化出版社2003年版，第19页。

② 梁启超：《翻译文学与佛典》，载《佛学研究十八篇》，上海古籍出版社2001年版，第198～199页。

韵文的部分叫做‘偈’。印度文学自古以来多靠口说相传，这种体裁可以帮助记忆。但这种体裁输入中国以后，在中国文学上却发生了不小的意外影相。弹词里的说白与唱文夹杂并用，便是从这种印度文学形式得来的。”①

关于风格上的“华梵结合、韵散兼行、雅俗共赏”的行文体制，胡适先生说：“这样伟大的翻译工作自然不是少数滥调文人所能包办的，也不是那含糊不正确的骈偶文体所能对付的。结果便给中国文学史开了无穷新意境，创了不少新文体，添了无数新材料。新材料和新意境是不用说明的，何以有新文体的必要呢？第一，因为外国来的新材料装不到那对仗骈偶的滥调里去。第二，因为主译的都是外国人，不曾中那骈偶滥调的毒。第三，因为最初助译的很多是民间的信徒；后来虽有文人学士奉敕润文，他们的能力有限，故他们的恶影响也有限。第四，因为宗教的经典重在传真，重在正确，而不重在辞藻文采；重在读者易解，而不重在古雅。故译经大师多以‘不加文饰，令易晓，不失本意’相勉。到了鸠摩罗什，译经的文体大定，风气已大开，那般滥调的文人学士更无可如何了。”②

关于结构，陈寅恪先生谈道：“佛典制裁长行与偈颂相间，演说经义自然仿效之，故为散文与诗歌互用之体。后世衍变既久，其散文体中偶杂以诗歌者，遂成今日章回体小说。其保存原式，仍用散文诗歌合体者，则为今日之弹词。”③

关于结构和表现方法，胡适先生又曾指出：“《华严经》末篇《入法界品》占全书四分之一以上，写善才童子求法事，过了一城又一城，见了一大师又一大师，遂敷衍成一部长篇小说……这

---

① 胡适：《白话文学史》，东方出版社 1996 年版，第 129 页。

② 胡适：《白话文学史》，东方出版社 1996 年版，第 115 页。

③ 陈寅恪：《敦煌本维摩诘经文殊师利问疾品演义跋》，载《金明馆丛稿二编》，上海古籍出版社 1980 年版，第 185 页。

种无边无尽的幻想，这种‘瞎嚼蛆’的滥调，便是《封神榜》‘三十六路伐西岐’，《西游记》‘八十一难’的教师了。”①

另有陈竺同先生的《汉魏六朝之外来譬喻文学》对中古汉译佛经之譬喻修辞进行了一些研究。②

前人研究相当深入而且具有创造性，给后人的汉译佛经修辞研究提出了更高的要求。

第三节　20世纪80年代以来的汉译佛经修辞研究及研究展望

一、大陆地区的研究

（一）总体研究

骆小所先生的《略论佛教文化对汉语修辞学的影响》一文认为，汉民族是一个很开放的民族，它善于吸收外来文化来丰富和发展自己，汉语的发展也是一个以汉民族语言为主体，而又融合周围少数民族语言因素的一种非单质语言，同时，它也不断吸收佛教文化，使自己发展为一个完善的整体。汉语修辞的发展由于受佛教文化的影响，促使了汉语修辞学文体的发展；由于受佛教文化的启示，人们用修辞格来达到“传心”的功效；同时，由于受佛教文化的影响，促使了语音修辞的发展，创造了声律美。③

陈光磊、王俊衡先生的《中国修辞学通史》（先秦两汉魏晋

---

①　胡适：《白话文学史》，东方出版社1996年版，第143～144页。

②　陈竺同：《汉魏六朝之外来譬喻文学》，《语言文字学专刊》，国立中山大学研究院文科研究所，1940年第2卷第1本。

③　骆小所：《略论佛教文化对汉语修辞学的影响》，《楚雄师专学报》2001年第2期。

南北朝卷）第三章是“佛经传译与名理玄学的修辞思想”，下分两节：“佛经传译中所引发的修辞论”和“名理玄学中的修辞论”。第一节下有一部分内容：译文“信达雅”的滥觞、从传译经文的“五失本”等论说深化“文质”关系和语言风格的探讨、辞语的增损简约与旨义的关系。[①] 这在相关修辞学史著作中是有突出贡献的。

以上两种论著的涉及面都较宽，但都过简。另外，孙昌武先生的《汉译佛典翻译文学选》是一部汉译佛典翻译文学的选集，同时加上了疑难词语的注释，对于佛典文学的普及与传播功不可没。尤为可贵者，该书在前言中对汉译佛典的文学语言、文体、行文体制、文学体裁、构思和表现方法进行了简明扼要并相对深刻的叙述。[②]

（二）修辞格研究

汉译佛经中采用了大量的修辞格。目前，内地的研究主要集中于比喻修辞格。

孙昌武先生的《汉译佛典翻译文学选》中说道：“佛典里大量使用幻想、夸张的构思方式；使用神变、分身、幻化（化人、化物、化境）、魔法、异变（地动、地裂、大火等）、离魂、梦游、入冥（地狱）、升天、游历它界（龙宫、大海等）等情节；更多用比喻修辞方法。《大涅槃经》里提出八种：‘喻有八种：一者顺喻，二者逆喻，三者现喻，四者非喻，五者先喻，六者后喻，七者先后喻，八者遍喻。’接着对它们举例作了解释。《大智度论》又指出‘譬喻有二种：一者假以为喻，二者实事为喻’。这即是所谓‘假喻’和‘实喻’。特别常用的还有所谓‘博喻’，

---

① 陈光磊、王俊衡：《中国修辞学通史（先秦两汉魏晋南北朝卷）》，吉林教育出版社 1998 年版。

② 孙昌武编著：《汉译佛典翻译文学选》，南开大学出版社 2005 年版。

即并列多种比喻。这些在具体作品里触目皆是，就不烦列举了。”①

关于譬喻经，孙昌武先生还说道：“利用譬喻可以说是佛典表现上的一大特色。……各类经典既是广泛利用譬喻手法进行说法，又包含着众多的譬喻故事。就实际形态而言，许多经典都可视为广义的譬喻经。”②

吴海勇先生的《中古汉译佛经叙事文学研究》第一章在谈到“譬喻”时说：“汉译佛典之‘譬喻’，内涵丰富，它包括现代修辞学所说的譬喻，因明三支中譬喻支的例证，以及九分数、十二品经中的阿波陀那等三种。‘譬喻’一词所以能摄此三义，与‘譬喻’在汉语文化中的义界语用有关。检阅秦汉典籍中的‘譬喻’文句，大致可将‘譬喻’分为修辞的譬喻、例证的譬喻，以及寓言或故事的譬喻等三类。‘譬喻’如是三义对佛经譬喻的三种内容适有对应之处。”③

梁晓虹先生的《汉译佛经中的“比喻造词”》从词汇学的角度对其中的比喻造词进行了专门研究。文章分“本体＋喻体式造词”和“借喻造词”两个部分对汉译佛经的比喻造词法进行了归纳分析，并阐述了这些形象化造词法在传播佛教教义方面的效用及其对汉语词汇的影响。④ 另外，梁晓虹先生的《佛经譬喻造词之特色》及《佛典之譬喻》亦是谈这一问题的专门之作。⑤

陈兰香先生在《佛经词语中的比喻造词及其美质》中谈道，比喻造词是修辞学造词法中运用最广泛的方法。修辞学造词法是

---

① 孙昌武编著：《汉译佛典翻译文学选》，南开大学出版社2005年版，第18页。

② 孙昌武编著：《汉译佛典翻译文学选》，南开大学出版社2005年版，第245～246页。

③ 吴海勇：《中古汉译佛经叙事文学研究》，学苑出版社2004年版，第33页。

④ 梁晓虹：《汉译佛经中的“比喻造词”》，《暨南大学学报》1991年第2期。

⑤ 梁晓虹：《佛经譬喻造词之特色》，《语文建设通讯》1991年第33期；《佛典之譬喻》，《修辞学习》1993年第1期。

指造词所用的原料是借助于词语表达出来的形象特征和各种艺术手段，方法是修辞手法的造词法。比喻造词则是指因比喻的运用构成的从内容到形式统一、完整的新词。……佛经中各种比喻很多。从词汇学的角度审视，佛经中因用比喻而创造了大量的新词语，构成了佛教词语形象生动、隽永含蓄、意蕴丰富的显著审美特质。因此，该文从比喻的四要素在运用中“现”、“隐”的不同情况所产生的不同表达方式出发，将佛教词语中比喻造词分为明喻、隐喻、借喻三类并举例做了讨论。[①]

近年来有莫德厚先生的《佛教典籍中短偈的句式与修辞格》等论文。[②] 由以上文献已可见汉译佛经中的譬喻研究已经比较深入。

（三）语体风格与语言风格研究

汉译佛经的语体风格与语言风格非常特殊，在多个方面与中土文献作品的风格大不一样。学者们从多个方面进行了探讨。

（1）关于汉译佛经文体多以四字为主的修辞现象研究。汉译佛经文体多以四字为主，日本学者早揭此秘。国内学者中，孙昌武先生的《佛教与中国文学》亦曾述及。[③] 之后，朱庆之、俞理明、丁敏、吴海勇、陈文杰、颜洽茂等先生先后从不同角度对这一现象的成因作了研究。

朱庆之先生的《佛典与中古汉语词汇研究》考辨从东汉末年的安世高、支娄迦谶二人的译经中已可见这种四字文体的影子，到《中本起经》、《修行本起经》等，四字文体已相当成熟。此后，“四字格”便成为汉译佛经的主要文体形式。关于译经四字文体成因，朱先生提出此系当时译经者受佛典原典偈颂文体影响

---

① 陈兰香：《佛经词语中的比喻造词及其美质》，《修辞学习》1999 年第 5 期。

② 莫德厚：《佛教典籍中短偈的句式与修辞格》，《法音》2008 年第 9 期。

③ 吴海勇：《汉译佛经四字文体成因刍议》，载陈允吉主编《佛经文学研究论集》，复旦大学出版社 2004 年版，第 231 页。

所致。[①]

俞理明先生的《佛经文献语言》认为，汉译佛经中的偈颂以五言为主，这正与当时五言诗体兴起的文学事实相吻合；而所谓汉译佛经四字文体特征是相对译经中的散体而言，与原典中的散文部分相对应，因为先秦典籍中的诗歌韵文以四字句为常，尤以《诗经》为最，至汉代大量使用四字句已成为一种修辞手段，东汉时人已长于大段运用四字句叙事说明，以四字句作文已成为一种时尚。因此，他认为汉末译师正是受当时这种流行的四字文体的影响和启发，采用四字句来迻译佛经，使行文句式修整，节奏鲜明，克服了由于口头语影响行文散漫的缺点。[②]

丁敏先生的《佛教譬喻文学研究》兼有这两方面的思考，她认为汉译佛经四字文体成因有二：一为当时译经者骈体文风的影响，另一成因是由于佛典基本上采用口诵的形式，佛经原可讽诵，译经者因此选用四言作为译经的主要句式，因其句型短小，有节奏性，便于听、译、诵、记。[③]

吴海勇先生的《汉译佛经四字文体成因刍议》通过考察以上几位学者的著述（本文以上有关朱、俞、丁观点的叙述参考了吴的归纳），认为在汉译佛经四字文体形成过程中，梵典首卢偈文体在一定程度上促成了部分译师对四字句译文的选择，这一因素再加上四字文体本身的优势，最终使四字格上升为译经的主流文体。[④]

陈文杰先生的《佛典文体形成原因再讨论》一文认为，佛教

① 朱庆之：《佛典与中古汉语词汇研究》，台湾文津出版社1992年版，第12页。

② 俞理明：《佛经文献语言》，巴蜀书社1993年版，第25～29页。

③ 丁敏：《佛教譬喻文学研究》，台北东初出版社1996年版，第572～573页。这一部分内容本应安排于“港台及海外研究”，考虑到所研究问题的相关性，故书于此。

④ 吴海勇：《汉译佛经四字文体成因刍议》，载陈允吉主编《佛经文学研究论集》，复旦大学出版社2004年版，第231～242页。

初传入东土时，与道教诸家和各种方术关系非常密切，所以，佛典这种文体基本风格的形成，正是受其时道教道家和各种方术著作直接影响的结果。虽然从形式上来说，道教道家和方术的文献和当时社会上流行的文章文体的形式是一致的，但就其对佛典翻译的影响来说，二者绝对不会是等价的。因为佛教东传时，最早的佛教传播者和翻译者在汉地首先接触和熟悉的肯定是在内容和思想上都与之密切相关的道教道家和方术的各种文献，而绝对不会是皇帝的诏书、《汉书》的“赞”等其他文体，所以佛经这种文体更有可能是采用道教道家和方术等的文献的形式。①

以上讨论比较深入。我们认为各家说法应综合考虑，佛经文体多以四字为主这一风格应是多种因素综合而成的。颜洽茂先生的《试论汉译佛典四言格文体的形成及影响》一文中的观点比较综合，他认为，从东汉至南北朝，汉译佛典四言格文体经历了一个逐渐定型的过程，其形成是时代骈体风尚、四言雅正观念、四言语音优势、译经者语言文化素养等多重因素共同作用的结果。这种特殊的文体结构一经形成便无形地制约着译经者的遣词造句，在表义明确的前提下，译经者往往采取增删字数等手段对文句进行调控，译经中不少表达形式的生成与这种调控密切相关。同时，为满足四言“二二”节奏对双音形式的需求，译经者还采取多种方式延长或简缩词语形式，以凑足四言。不可否认，由于译经者的这些努力，语言中形成了大量的双音新词语，客观上对汉语的双音化起到了一定的促进作用。②

（2）关于汉译佛经语体的特殊性研究。汉译佛经的语体该如何定义？它的特征是什么？朱庆之先生认为，汉译佛经语言“是

① 陈文杰：《佛典文体形成原因再讨论》，《宗教学研究》2001 年第 4 期。

② 颜洽茂：《试论汉译佛典四言格文体的形成及影响》，《浙江大学学报》2008 年第 5 期。

一种既非纯粹口语又非一般文言的特殊语言变体”，是一种“既不避俗也不避雅、而是雅俗兼容，因而比较接近口语的特殊语体”①。关于汉译佛经的文体特征，朱先生认为有两大特点，一是刻意讲求节律；二是不押韵，不求骈偶对仗。② 吴海勇先生的《中古汉译佛经叙事文学研究》第四章“叙事分析”中，分“语言风格”、“偈散结合”、“讲述体”三节。关于语体，书中列举了梁启超、裴普贤、顾随、张中行、孙昌武等先生的观点之后，对朱庆之先生的观点表示赞同。③

（3）关于汉译佛经中韵散结合的结构模式，学者也作了较多的探讨。

在谈到法句经时，孙昌武先生说：“‘法句’以单篇偈颂，或是两个或两个以上的偈颂组合来宣说佛义，这是一种训喻警句的体裁……如果说有诗意，主要体现在所述某些道理具有韵味和多用比喻、象征等诗歌常用的表现手段上。另外就是译成汉语采用了‘诗’的形式。但‘法句’并不遵循严格的诗歌格律，主要是翻译时采用了诗的句式（字数、段落整齐的五言或四言体，常常是四句一段），但并不注意诗的节奏，押韵也十分自由。”④

关于偈散结合的结构，吴海勇先生的《中古汉译佛经叙事文学研究》第四章“叙事分析”对其进行了深入研究。他认为，佛经偈散结合乃是渊源有自。偈颂作为可歌可诵的诗体，普遍存在于古印度社会；后出佛经保持偈散结合的叙事方式，正是对古印

① 朱庆之：《佛典与中古汉语词汇研究》，台湾文津出版社 1992 年版，第 15、33 页。

② 朱庆之：《佛典与中古汉语词汇研究》，台湾文津出版社 1992 年版，第 11 页。

③ 吴海勇：《中古汉译佛经叙事文学研究》，学苑出版社 2004 年版，第 346 ~ 354 页。

④ 孙昌武编著：《汉译佛典翻译文学选》，南开大学出版社 2005 年版，第 386 页。

度文化与原始佛教两个大小传统的承袭。①

（4）关于梵文佛教语言对汉译佛经修辞的影响研究。普慧先生的《天竺佛教语言及其对中国语言学的影响》一文认为，佛教语言学是一种特殊的社会方言学，它有着自己独特的语音、词汇、语法、修辞形式及特殊的语言观。佛教传入中国后，对中国语言学产生了极为深刻和久远的影响，尤其是在音韵、词汇、修辞及语言观方面。就修辞而论，“梵文佛教语言在语法上，以长句、完整句为主，文饰辞彩，逻辑谨严，句子结构沉重，而且重复较多。……梵文佛教语言这种重视修辞的观念，适应了佛陀说法、传教的要求。如佛陀说法时就采用拟音手法，模拟自然、鸟兽、乐器声音等积极修辞手法加强语言的表达力度；又佛典比喻类的语汇极为丰富，如叶落归根、梦幻泡影、电光石火、香象渡河、恒河沙数、味如嚼蜡，等等，增强语言的艺术感染力。”总之，他认为：“汉语佛教语言还继承了天竺佛教以艺术修辞（或称积极修辞）为主的修辞体系，充分运用了比喻、比拟、夸张、象征、示现、描摹等引起想象和联想的修辞手法及呼告、设问、反问、排比、感叹、反复、层递等引起情感的手法，增加了佛教语言的表现力，由此营造出了神圣的宗教气氛和境界，给人们以神秘、神圣的感觉。”②

这也是从多个方面对汉译佛经语言风格所作的探讨。

（5）关于汉译佛经中的套语研究。陈开勇先生的《佛教广律套语研究》一文认为，虽然部派佛教广律套语是正统的宗教文献，但它同时也是口头叙述文学。佛教广律作为口头叙述文学的一个重要标志是它存在大量的套语，这些套语在不同的部派广律

① 吴海勇：《中古汉译佛经叙事文学研究》，学苑出版社 2004 年版，第 369 ~ 381 页。

② 普慧：《天竺佛教语言及其对中国语言学的影响》，《人文杂志》2004 年第 1 期。

中的使用有同有异。[1]

(6) 还有的论文虽非专门讨论汉译佛经的语言风格，但其中相当多的内容牵涉到这一问题。普慧先生在《佛典汉译及汉译佛教哲学对中国古代诗学的影响》一文中谈道，依照汉语语式和习惯，运用汉语的对仗、谐音等修辞手法，达到与原文"对等翻译"的效果。重直译和重意译，导致了译体文风的转变，前者文风朴实质直，"贵本不饰"，"正而不艳"；后者"文约而诣，旨婉而彰"。还有主张调和折中直、意二译，力求避免偏执一隅的观点，响应了自先秦以来中国文学批评长期强调的"文质统一"论。从中国僧人对"翻译"一词的理解来看，即有文质并重的意义。"译"，"释也，交释两国。""翻"，"如翻锦绮，背面俱花，但其花有左右不同耳。""译"重释义，故尚质；"翻"重修辞，故崇文。"翻译"合二而一，则文质彬彬。[2]

(四) 修辞学史研究

我国的佛经翻译，从东汉末年开始，魏晋南北朝时进一步发展，到唐代臻于极盛，北宋已经式微，元以后则进入尾声了。[3]在这些翻译活动中，出现了不少翻译理论，其中相当多的内容与修辞有关，西晋竺法护提倡"辞质胜文"的翻译风格、东晋道安的"五失本"、"三不易"翻译理论、慧远的文质"厥中"理论等，都与修辞有密切关系。

王铁均先生的《中国佛典翻译史稿》是首部以汉译佛经的翻译理论为纲写作的一部著作，虽问题尚多，但对佛经修辞学史有一定程度的研究。例如，佛典翻译史上的"雅正"、"文质"之争，由来已久。支谦译经，反对汉代以来安世高、支娄迦谶译文

---

① 陈开勇：《佛教广律套语研究》，《河池师专学报》2004 年第 1 期。

② 普慧：《佛典汉译及汉译佛教哲学对中国古代诗学的影响》，《文艺研究》2005 年第 3 期。

③ 马祖毅：《中国翻译史（上卷）》，湖北教育出版社 1999 年版，第 94 页。

尚质之偏向，主张尚文尚约。他重文丽且好简约，虽对译文极尽美巧与地道之追求，以避免前人旧译质朴有余而文丽不足之尴尬，但却犯了译家的大忌，未能谨守务求信实的翻译原则，以致颇受“直译派”的攻讦。赵政反对支谦译经“嫌胡言方俗，而改适今俗”，但是“经之巧质，有自来矣”，大可不必改适今俗，译经者的责任即在传事以“尽”而已，不该自作解人，更不应自行其是。另一译家慧常所持观点相同。他们都以上古典籍为例，以证传世同样在千年以上的佛经亦是“其文朴质”，译经时如果文丽其辞，有哗众取宠之意。因此，佛典翻译时须以求“质”求真为最高宗旨。王铁均指出，所谓西方佛典如同中国上古典籍“其文朴质”，实属想当然耳！殊不知印度文体自古辞句华丽，经中偈颂皆可吟唱。如果一味强调译典须质直古拙，则难免“辞朴而义微，言近而旨远”。[①] “直译派”对支谦的攻讦，可谓过犹不及。

虽然支谦未能谨守务求信实的翻译原则，但《中国佛典翻译史稿》并不因此而抹杀支谦译经的功劳。王铁均先生进一步指出，“但观中国佛经翻译史，从质朴向文丽发展，乃是方向，是趋势，亦是必然。尽管后来者对支谦译经不无微辞，却难否认支谦译经实开清丽飘逸之新风。又支谦译经强调‘少胡言’，其译本有‘善妙方言’之誉，即尽力使译文译辞汉化，或曰本土化，使闻者亲切而又易懂……是以梁启超言‘故后此佛学特盛于江南，谦之功也’”[②]。这种评价比较中允。此书虽以翻译史为名，但实际上也可以说是修辞学史研究。

除此以外，熊宣东先生《论中国早期的佛经翻译原则》、徐江先生《中国古代翻译的“文”“质”之争》也都进行了这一有

① 王铁均：《中国佛典翻译史稿》，中央编译出版社2006年版，第34~36页。
② 王铁均：《中国佛典翻译史稿》，中央编译出版社2006年版，第36~37页。

关修辞学史的研究。[①]

（五）汉译佛经对后代文学创作修辞的影响研究

关于偈散结合的结构对后世的影响，孙昌武先生指出："这里（按：指陈寅恪《敦煌本维摩诘经文殊师利问疾品演义跋》）没有提到，佛教俗讲形成了讲经文，进一步发展出变文、押座文、缘起等一系列讲唱文体。这些文体不但借用了佛典韵、散结合的形式，而且起初所讲内容也多取自文学性较强的经典。明代又发展出说唱文学样式宝卷，也是典型的佛教文学体裁。这样，佛典翻译文学特别直接推动了一些民间说唱文学样式的形成和发展。"[②]

关于譬喻经对当时和以后文坛的直接或间接的影响，孙昌武先生说道："譬喻经对当时和以后文坛的直接或间接的影响是非常显著的。六朝志怪小说里有许多故事是借鉴了譬喻经的。后来更有不少譬喻故事的情节被文人创作所借用。例如，柳宗元的寓言文在结构和写法上就显然借鉴了譬喻经。"[③]

关于偈颂形式对后世文学的影响，孙昌武先生在说到"法句经"时谈道："单纯从文学角度看，'法句经'作为'诗'的艺术水平并不高。特别是早期译作，语言、形式都显得过于拙朴。但它们作为特殊的韵文作品对中土诗歌史的影响却也是不可忽视的。从六朝时期起，各时代都有文人写作模仿'法句'偈颂的作品。而'法句经'作为一种哲理诗，其内容、写法和格律首先直接影响到佛门内部的诗颂创作和僧、俗佛理诗的写作，包括唐代著名的王梵志诗、寒山诗及影响深远的这一体诗的创作；另一方

① 熊宣东：《论中国早期的佛经翻译原则》，《四川大学研究生论文集（第五辑）》，四川大学出版社2002年版。徐江：《中国古代翻译的"文""质"之争》，《和田师范专科学院学报》2005年第3期。

② 孙昌武编著：《汉译佛典翻译文学选》，南开大学出版社2005年版，第17页。

③ 孙昌武编著：《汉译佛典翻译文学选》，南开大学出版社2005年版，第250页。

面，中土文人诗歌创作中的哲理化、散文化倾向也和‘法句经’及其影响下的佛门诗颂创作有相当大的关系。至于这些作品在语言、典故等方面所提供的借鉴更是十分明显的。”① 陈允吉先生的《中古七言诗体的发展与佛偈翻译》通过对七言诗与偈颂关系的考察，深入研究了佛经传译对中土文学影响的一个案例。②

关于汉译佛经的语体风格对后世文言的文体的影响。马祖毅先生说：“如前所述，玄奘的译文，运用六朝以来‘偶正奇变’的文体，但又参酌梵文钩锁连环的方式，融合成一种‘整严凝重’的风格，自有独到之处。而前此昙无谶译《大般涅槃经》，以清新和美的笔调，演回旋萦纡的胜义，使人读后如饮醍醐，非终卷不能自已。”③ 马红军、卢颖先生在《魏晋南北朝时期佛经翻译对中国古典诗歌的影响》一文中谈道：佛经翻译是古汉语同印欧语之间的一次大规模语言接触，对汉语和中国文化产生了深远影响。该文以佛经翻译的“文”、“质”议题为切入点，重点分析了魏晋南北朝时期的直译、意译原则，指出佛经翻译在声韵、白话倾向、意象意境等方面促进了我国古典诗歌的发展。④

另外，李嘉言先生的《佛教对于六朝文学的影响》、孙昌武先生的《佛教与中国文学》、蒋述卓先生的《佛经传译与中古文学思潮》都涉及了这一问题。⑤

---

① 孙昌武编著：《汉译佛典翻译文学选》，南开大学出版社 2005 年版，第 386 ~ 387 页。

② 陈允吉：《中古七言诗体的发展与佛偈翻译》，载陈允吉主编：《佛经文学研究论集》，复旦大学出版社 2004 年版，第 327 ~ 347 页。

③ 马祖毅：《中国翻译史（上卷）》，湖北教育出版社 1999 年版，第 175 页。

④ 马红军、卢颖：《魏晋南北朝时期佛经翻译对中国古典诗歌的影响》，《四川外语学院学报》2005 年第 6 期。

⑤ 李嘉言：《佛教对于六朝文学的影响》，载《李嘉言古典文学论文集》，上海古籍出版社 1987 年版。孙昌武：《佛教与中国文学》，上海人民出版社 1988 年版。蒋述卓：《佛经传译与中古文学思潮》，江西人民出版社 1990 年版。

二、台湾及海外的研究

台湾及海外有关汉译佛经修辞的研究主要集中于台湾地区，海外只有日本少数学者从事相关研究。

（一）单部佛经修辞研究

关于《劝发菩提心集》的修辞特色研究。《劝发菩提心集》是唐代法相宗第三祖慧沼大师阐述“发菩提心，行菩萨道”的重要著作，吕姝贞先生的《〈劝发菩提心集〉讲记（一）》将其修辞特色概括为“文辞丰美，义蕴深远”。吕先生说：“从古代译场之运作即可得知：译经是一件艰辛的事情，而译作每每着重于信、达、雅三方面，所以，参与译经者之外语能力与本国母语的运用能力，不但需要充分呈显其义理思想，更要兼顾修辞艺术。而现今从事佛典研究，往往因着重义理或梵巴原典的探讨，而忽略汉译佛典之地位及修辞风格，从《劝发菩提心集》中更可看出其丰富多元的修辞特色……”① 有关《劝发菩提心集》修辞的具体研究，见其《慧沼〈劝发菩提心集〉研究》。该论文第四章是“《劝发菩提心集》的修辞特色”，共分六节，分别是“广取诸譬喻，赞叹菩萨德——譬喻”、“映衬以相形，文义更鲜明——映衬”、“援引诸经论，劝发菩提心——引用”、“云何而发起，无上菩提心——设问”、“显扬大乘行，言简而义赅——析字”、“排比以壮势，理达而深刻——排比”，② 对该经的各种修辞格进行了深入研究。

另外，杨雅惠先生的《敦煌本〈维摩诘经讲经文〉研究》第

---

① 吕姝贞：《〈劝发菩提心集〉讲记（一）》，《妙心杂志》2005 年第 86 期。

② 吕姝贞：《慧沼〈劝发菩提心集〉研究》，玄奘人文社会学院宗教学研究所 2003 年硕士学位论文，第 95 ~ 148 页。

六章与修辞研究有关。该章处理维摩诘经讲经文之修辞，了解此讲经文所用修辞，再与维摩诘经之修辞比较，借此看出佛经与讲经文修辞运用之异同，并探知佛经与讲经文表现的文学差异。①

（二）佛经譬喻修辞研究

台湾的汉译佛经修辞最为深入的部分也是在譬喻研究方面。

丁敏先生对佛经譬喻深有研究，曾撰有《譬喻佛典之研究——撰集百缘经、贤愚经、杂宝藏经、大庄严论经》②。在《佛教譬喻文学研究》③一书中，根据日本学者的研究，认为佛教譬喻文学，主要是指十二分教中具有阿波陀那（avadana）内容的经典。但阿波陀那梵文的本义非是“譬喻”，但中文却意译为“譬喻”。再者译为“譬喻”的梵文，除了阿波陀那之外，还有修辞学上的譬喻，以及因明三支中譬喻支的“喻”。因此，如何界定譬喻文学的内容与范围是研究此一领域首先要解决的问题。根据丁敏先生本人的综述，该书主要论点是：

（1）“观察阿含和律部的譬喻故事，是以阿波陀那为主的，阿波陀那本身并没有譬喻的意思，它在阿含藏中最初的意义是记叙‘伟绩鸿业’或‘宗教的或道德的伟大行为’的故事或传记的经典。也就是说阿波陀那是佛教圣贤的传记——以佛及大弟子、大居士的事迹为主。因此，它是‘譬喻’——现在的圣贤事迹；也是‘本事’——过去的圣贤事迹（如七佛譬喻、长寿王譬喻）。又逐渐地阿波陀那由叙述现世的伟绩鸿业，而追溯问到这些圣贤何以成就的前世因缘，于是譬喻与本生相联结，业的观念浮现出来，形成‘譬喻本生’的形式。”

---

① 杨雅惠：《敦煌本〈维摩诘经讲经文〉研究》，逢甲大学中国文学研究所1996年硕士学位论文。

② 丁敏：《譬喻佛典之研究——撰集百缘经、贤愚经、杂宝藏经、大庄严论经》，《中华佛学学报》1991年第4期。

③ 丁敏：《佛教譬喻文学研究》，台北东初出版社1996年版。

（2）“在律部中，最先常是为阐明制戒的因缘而说到阿波陀那的故事，因此，譬喻与因缘相结合而成‘譬喻因缘’。又由于律的作用侧重在止恶上……于是以因果业报为主题，以‘譬喻本生’为形式的阿波陀那大量产生，成了根本说一切有部诸律典中阿波陀那的特色。”

（3）“但在阿含及律藏中，阿波陀那都不是居于主角的地位，它只是作为一段哲理或戒律的插话，也就是说它是例证的作用（也由于例证的作用，它在中国被意译成“譬喻”二字），它是宗教教训的故事。”

（4）“当专门的阿波陀那经典出现，最主要的内容特色就是它仍是宗教性的故事。但此时阿波陀那已成为经典的本身，而非如在阿含律藏中的附属地位。全部是阿波陀那故事的譬喻经典，如汉译的撰集百缘经，法句譬喻经、贤愚经等，在形式上几乎多少都仿照阿含经典的书写形式。而故事的内容，以业报为主的‘譬喻本生’最多；也有譬喻授记、譬喻因缘的故事，也加入了民间的神话传说故事。”

以上可谓对佛教譬喻文学的源泉与流变作了纵向的探索，可视为譬喻文学的发展小史。此外，在横面上，从文学与宗教交涉的角度研究了佛教经典中的譬喻词汇的用语及其所譬喻的哲理；从主题研究的角度分析了譬喻故事中所展现的几个特别的主题。在文学上可谓具有独特性、多变性、丰富性及想象力的特性；从汉译譬喻文学的文字运用可见其译语及句型特色。“综观本论文，仍侧重在从经典研究的角度来研究佛教的譬喻文学，所以在阿波陀那的发展小史上研究较细密深入。另一方面限于精力才学，对譬喻文学的经典研究目前只做到小乘佛教为止，事实上，大乘佛教中也有阿波陀那的故事（如大智度论中），以及充满了形形色色以整个故事为喻的譬喻故事，都是笔者应该进一步研究的范围。"①

可见，其关于譬喻的研究已经非常深入，其中也有相当多的内容是有关风格研究的。

此外，释纯因先生的《汉译中阿含经譬喻之基础研究》同样也说到"汉译为譬喻、喻说的梵语有三类"。② 谭惠文先生的《〈妙法莲华经〉譬喻文学之研究》一文主要探讨了《妙法莲华经》中的譬喻。其中第三章主要探讨譬喻的释义与发展、原则与方法、作用与限度，并对佛典中常见的譬喻主题作概括性探讨。第四章以切割的方法分析《妙法莲华经》譬喻的基本形式，探知《妙法莲华经》包括三种类型的譬喻。第五章主要讨论《妙法莲华经》中譬喻与"一乘思想"、"久远释迦"、"方便思想"等中心思想的关系。第六章探讨《妙法莲华经》譬喻的特色以及文学表现手法，用虚数、巨数夸饰的修辞法等。③ 还有李玉珍先生的《佛教譬喻（avadana）文学中的男女美色与情欲》、林韵婷先生的《杂阿含经譬喻故事研究》、林崇安先生的《〈法句经〉的形成及其演变略探》等，都论述到譬喻。④

（三）语体风格与语言风格研究

王晴慧先生的《六朝汉译佛典偈颂与诗歌之研究》第五章"六朝汉译佛典偈颂与诗歌之关系"，分析、比较了六朝汉译偈颂

---

① 丁敏：《中国当代佛教文学研究初步评价——以台湾地区为主》，《佛学研究中心学报》1997 年第 7 期。

② 释纯因：《汉译中阿含经譬喻之基础研究》，中华佛学研究所 1995 年毕业论文。

③ 谭惠文：《〈妙法莲华经〉譬喻文学之研究》，中正大学中国文学研究所 1997 年硕士学位论文。

④ 李玉珍：《佛教譬喻（Avadana）文学中的男女美色与情欲》，《新史学》1999 年第 10 卷，第 4 期。林韵婷：《杂阿含经譬喻故事研究》，玄奘大学宗教学系 2005 年硕士学位论文。林崇安：《〈法句经〉的形成及其演变略探》，《法光杂志》2004 年第 174 期。

与诗歌之关联性与影响，归纳了二者间相互影响、彼此浸润的风貌所在；该章计分五节，首节主要说明六朝汉译偈颂与诗歌之间于形式上的相因相承；其后四节则在内容、修辞角度、写作精神上，分别说明六朝诗歌中的“玄言诗”、“佛理诗”、“山水诗”、“宫体诗”等与汉译偈颂间的关系。第六章“结论”总结各章之研究成果，将六朝汉译偈颂与诗歌的关联性概括为几个方面：一是形式上的会通；二是内容上的浸染；三是修辞风格上的借鉴。①

王晴慧先生的《浅析六朝汉译佛典偈颂之文学特色——以经藏偈颂为主》一文中第三节“多变不拘的形式”实为汉译佛偈语言风格研究，下分三个方面的内容：其一，特殊句式的开展（包括：①开拓了中国文学表现形式——齐散结合的新形态；②跨越中国本土既有的文体结构——长篇齐言的展现；③结构自由，不拘一式）；其二，修辞上描述技巧之运用与讲求（包括：①譬喻；②象征；③排比；④夸饰；⑤写实）；其三，典雅白话的语言风格（包括：①白话通俗；②庄严典雅；③异域色彩）。② 对偈颂的语言风格及修辞格都作了深入研究。

刘芳薇先生的《维摩诘所说经语言风格研究》从文体和语体两方面着手以呈现该语料的语言风格。论文第一章厘定语言风格学的范围并提出研究方法。第二章首先从文体上分析《维摩诘所说经》四字节奏、诗歌散文交错、同格语铺排等不同于汉语文章的风格特色。第三、四、五章分别从词汇、语法、句式的角度分析《维摩诘所说经》在语体上呈现的风格。第六章从比较上显示语料的风格特点，选用了与本经相关的语料进行比较研究：从同经异译看鸠摩罗什译笔的风格特点；与讲经文比较以指出《维摩

---

① 王晴慧：《六朝汉译佛典偈颂与诗歌之研究》，静宜大学中国文学系 1998 年硕士学位论文。

② 王晴慧：《浅析六朝汉译佛典偈颂之文学特色——以经藏偈颂为主》，《佛学研究中心学报》2001 年第 6 期。

诘所说经》进入民间文学后的风格流变；与《世说新语》比较以显示北方佛教集团与南方士大夫集团的语言差异。[①]

温美惠先生的《华严经入法界品之文学特质研究》第五章分析了《华严经入法界品》的文学形式，包括经文结构、叙事模式及语言特色，第六章就其修辞风格加以探讨，如譬喻使用的丰富、经文中几个使用频繁的“意象”，如“天雨香华”、“花”、“海”等意象的深层意涵等。[②]

（四）汉译佛经修辞对后代的影响研究

荒见泰史先生的《汉文譬喻经典及其纲要本的作用》介绍了汉译佛经里的譬喻故事在中国的流传过程中，作为唱导时候用的文本、底本的作用。[③]

另外，如上文提到的王晴慧先生的《六朝汉译佛典偈颂与诗歌之研究》等也属这一类。

此外，对非汉译佛经（即中国本土所产生的佛经）所进行的修辞研究也有一些成果，如欧阳宜璋先生《碧岩集的语言风格研究——以构词法为中心》、疏志强先生《试论禅宗修辞的非逻辑性》、焦毓梅先生《禅宗公案话语的修辞分析》等。[④] 另外，有关禅宗佛经修辞研究的论文与专书还有一些，因非本章讨论范围，故不详述。

---

① 刘芳薇：《维摩诘所说经语言风格研究》，中正大学中文所 1995 年硕士学位论文。

② 温美惠：《华严经入法界品之文学特质研究》，政治大学中国文学系 2001 年硕士学位论文。

③ 荒见泰史：《汉文譬喻经典及其纲要本的作用》，载陈允吉主编《佛经文学研究论集》，复旦大学出版社 2004 年版。

④ 欧阳宜璋：《碧岩集的语言风格研究——以构词法为中心》，政治大学中文所 1993 年硕士学位论文，圆明出版社 1994 年版。疏志强：《试论禅宗修辞的非逻辑性》，《浙江师范大学学报》2004 年第 1 期。焦毓梅：《禅宗公案话语的修辞分析》，《求索》2006 年第 12 期。